中國歷代書目題跋叢書

羅振常 撰
汪柏江 方俞明 整理
吴格 審定

善本書所見録

圖書在版編目(CIP)數據

善本書所見録／羅振常撰；汪柏江，方俞明整理；吴格審定. —上海：上海古籍出版社，2020.4
(中國歷代書目題跋叢書)
ISBN 978-7-5325-9500-6

Ⅰ.①善… Ⅱ.①羅… ②汪… ③方… ④吴… Ⅲ.①善本—圖書目録—中國 Ⅳ.①Z838

中國版本圖書館CIP數據核字(2020)第037932號

中國歷代書目題跋叢書
善本書所見録
羅振常 撰
汪柏江 方俞明 整理
吴 格 審定
上海古籍出版社出版發行
(上海瑞金二路272號 郵政編碼200020)
(1) 網址：www.guji.com.cn
(2) E-mail：guji1@guji.com.cn
(3) 易文網網址：www.ewen.co
蘇州越洋印刷有限公司印刷
開本850×1168 1/32 印張11.125 插頁5 字數230,000
2020年4月第1版 2020年4月第1次印刷
印數：1—1,500
ISBN 978-7-5325-9500-6
K·2785 定價：55.00元

《中國歷代書目題跋叢書》出版説明

漢代劉向、劉歆父子編撰《别録》《七略》，目録之學自此濫觴，在傳統學術中發揮了重要作用。歷代典籍浩繁龐雜，官私藏書目録依類編次，繩貫珠聯，所謂「類例既分，學術自明」（《通志・校讎略》），學者自可「即類求書，因書究學」（《校讎通義・互著》），實爲讀書治學之門户。而我國典籍屢經流散之厄，許多圖書真容難睹，甚至天壤不存，書目題跋所録書名、撰者、卷數、版本、内容即爲訪書求古的重要綫索。至於藏書家於題跋中校訂版本異同、考述版本淵源、判定版本優劣、追述藏弆流傳，更是不乏真知灼見，足以津逮後學。

我社素重書目題跋著作的出版，早在二十世紀五十年代，我社就排印出版了歷代書目題跋著作二十二種，後彙編爲《中國歷代書目題跋叢書》第一輯。此後，我社又與學界通力合作，精選歷代有代表性和影響較大的書目題跋著作，約請專家學者點校整理。至二〇一五年，先後推出《中國歷代書目題跋叢書》第二至四輯，共收書目題跋著作四十六種，加上第一輯的二十二種，計六十八種，極大地普及了版本目録之學。面對廣大讀者的需求，我社將該叢書陸續重版，並訂正所發現的錯誤，以饗讀者。

上海古籍出版社
二〇一八年八月

整理説明

紹興天泉山房所藏鄉賢羅振常先生撰《善本書所見録》謄抄稿本，數年前得於京師。抄稿本凡六册，使用日本薄皮紙謄抄，紙捻毛裝，封面分題「善本書所見録・經部」、「史部」、「子部」、「集部」、「總集」及「善本書題跋」。前五册正文皆出於細筆謄寫，各册前所加目録及「題跋」全册，則以墨筆楷寫，各册中又有少量墨筆校改。細審謄抄與墨筆校改筆跡，係出於不同人手。初步判斷，謄抄係羅氏倩人自初稿中録出，墨筆修改則出於振常先生或周子美先生。

羅振常（一八七五—一九四二），字子經、子敬，號心井、頑夫，晚號邈園。浙江上虞人。雪堂羅振玉胞弟。上虞羅氏寄淮，始於雪堂曾祖希齋公，由佐幕而僑寓淮安，歷經四世。至清末「振」字輩出，雖身處亂世，家境貧苦，然兄弟相師，好古力學，潛心研究，「以學術之存亡爲己責」，遂能一門之内，各自樹立而聞名學林。雪堂天才亮識，於近世學術轉型期諸學科領域多開創之功，世人皆已熟知。子經先生自少即由雪堂親授課業，不僅手足情深，更以志趣相投，自洹洛訪古，東瀛客居，至海上蟫隱，皆追隨叔兄，爲之力助。民國以後，羅氏設蟫隱廬書肆於滬，身居書林凡三十載，因而沉潛版本目録之學，「遇有宋元精刊，名家抄校，輒摩挲竟日不去手，愛書如其性命。每心領神會，必鄭重加以題跋，於文辭之良窳，校勘之精細，版本之流傳，收藏之遞邅，皆詳爲稽考，所論斷咸曲中肯綮」〔一〕。先生鑒書售書之餘，勤於刻書印書，如影印宋世綵堂本《韓柳集》及《經進三蘇文集事略》等，至今流譽書林。其他刻印之書，身後由子婿周子美先生整理，彙印爲《蟫隱廬叢書》、《邈園叢書》。先生著述甚富，有《徵聲集》、《古調堂集》、《洹洛訪古記》、《善本書所見録》、《天一閣藏書經見録》、《郎氏事輯》、《史可法别傳》、《暹羅載記》、《新唐書斠義》、《讀廖刻昌黎集雜識》、《老泉先生文集考異》、《經進嘉祐文集事略考異》、《經進東坡文集事略考異》、《經進欒城文集事略考異》、《大金國志校文》、《養莠篇》等。

《善本書所見録》曾有商務印書館一九五八年排印本，係周子美先生編訂。子美先生亦當代名家，其序文稱羅氏所撰書録「抉擇雖精，而深藏不以示人，逝世後始發篋得之。余以爲先生畢生精力所萃，不可湮没，爰編爲四卷」〔二〕。兹以天泉山房藏本與子美先生編訂本（以下簡稱「周本」）比勘，差異如下：一、周本編爲經、史、子、集四部，集部載入天泉山房藏本「總集」册《唐音集註》等七篇，而「總集」册所收其餘七十篇、「題跋」册所收十二篇文字，皆付闕如； 二、周本已録部分，仍遺落「史部」册《山志》一種、「子部」册元刊《翰墨全書》及明刊《文中子》二種，他如《孫氏金陵忠愍侯祠堂書目》等條，亦有脱漏文字； 三、天泉山房藏本因係謄抄，字跡間有模糊，釋讀疑難之處，周本似也存在誤讀，可知周本之底本與天泉山房藏本同出一源； 四、周本目録及正文内容，與原稿稍存差異，可知子美先生對原稿曾作改訂，如修飾文字、補足版本著録等。

天泉山房藏本《善本書所見録》所收羅氏書録，計經部七十四種、史部一百四十七種、子部一百四十五種、集部一百四十四種、總集七十七種，「題跋」册收書十二種（其中三種與前重出），總計五百九十六種，較周本多出八十二種。以版本區分，所著録宋刻本七十九種、元刻本一百二十一種、明刻本二百二十種、清刻本四十七種、稿本十四種、抄本九十九種、校本七種、活字本六種、和刻本三種。近六百種善本，均經子經先生目驗，足徵其平生眼福之廣。書録中有明確署年者凡五十二篇，紀年始於《順天張太史集跋》（一九一一），迄於《萬首唐人絶句》（一九四一），與羅氏經營蟫隱廬書肆三十年之經歷適相符合。

子經先生逝世於一九四二年，證以周本序「逝世後始發篋得之」語，《善本書所見録》謄抄稿本，應於先生晚年或身後，由其閲書簿録中抄出。上海圖書館近年發現羅氏未題名稿本一册，即屬羅氏雜記平日經眼圖書之閲書簿録（間録往來信札、親友挽辭等）。該册中含書録五十六篇，書名上有打鈎或圈點記號，經核對均已見於《善本書所見録》謄抄稿本，因此可視爲《善本書所見録》祖本之一。羅氏所撰書録，「蓋倣莫子偲《經眼録》，列舉每書行款字數、收藏印記，間作跋語，以道其心得」〔三〕。因係經眼記録，隨年積累，故體例並不統一，詳簡亦復有别。其簡單者僅記行格，或擇要記述數語，或過録原書題跋；至其心賞之書，則文字添改，不厭其詳，天頭地脚，塗乙殆遍，字跡頗難辨識。因此之故，《善本書所見録》謄抄稿本頗存誤寫。謄抄稿本之舛誤，周本雖有補正，但魚魯亥豕，仍有校改未盡者。

此次整理標點，即以天泉山房所藏《善本書所見録》謄抄稿本爲底本，正文内容悉依原稿重録，並據周本參校。凡增删擬補之字，均遵慣例，加注説明，詳見整理凡例。謄抄稿本原未分卷，兹遵已有分册，分爲經、史、子、集、總集五卷，末册「善本書題跋」十二篇，題爲「善本書所見録補」。整理者歷年輯存及師友所輯見貽之羅氏書跋二十六篇，係《善本書所見録》及《天一閣藏書經見録》所未收者，則編爲「善本書所見録再補」。較之周本，增加書録近百篇。

紹興天泉山房致力於收集越中文獻，經多年搜討，所藏鄉賢著述稿抄本及稀見圖籍，數量已略可觀。兹因吴格先生之邀，取所藏《善本書所見録》謄抄稿本整理校訂，刊入先生所編《中國歷代書目題跋叢書》第四輯，以公諸同好。文獻收藏，無分公私，流傳利用，責無旁貸。因於文獻整理尚屬學步，雖如履薄冰，戰戰兢兢，猶多舛誤，至盼同道不吝指正，以匡未逮。又此稿經吴格先生及姜俊俊女士反復修訂，改正訛誤並統一格式，令整理稿增色不少，謹致誠摯謝意。癸巳仲春，諸暨汪柏江、方俞明識於天泉山房。

〔一〕〔二〕 周子美《善本書所見録序》（商務印書館，一九五八）。

〔三〕 劉承幹《善本書所見録序》（同上）。

整理凡例

一、底本謄抄時脱字，酌加增補，補字置於方括號内。例：

叔[兄]題識云：「光緒癸巳暮春，上虞羅振玉敬讀一過於白田舟次。」

二、底本謄抄時衍字，酌加删除，删除字置於圓括號内。例：

劭本傳，「撰《風俗通》以辨物類名號，釋時俗嫌疑，後世服(用)其洽聞」。

三、底本謄抄時誤字置圓括號内，訂正字置方括號内。例：

嘉靖癸巳巡按山東監察御史(所)[新]安方遠宜序。

四、底本謄抄時作小字體之説明文字，改同正文字體，置於圓括號内。例：

有「繩繩齋」(朱長方)、「衍聖公圖書」(朱方)二印。

五、底本謄抄時所用「〇」、「△」等符號，統改爲「□」號。例：

每卷書「詩外傳卷第□」。

六、各書題名著録不一，原文保留，格式略加調整。例：

底本作： 宋刻文章正宗卷第三　大字。半頁十行……

現改作： 文章正宗卷第三　宋刻。大字。半頁十行……

七、目録據經整理後的正文内容新編，題名後加注版本，俾便檢閲。

八、補遺内容輯自原書或轉録他書，附注原本藏家或引用書名。

目録

善本書所見録卷二……二四

史部

善本書所見録卷三

子部

善本書所見録卷四……

集部

善本書所見録卷五

總集

善本書所見録補

善本書所見録再補……二四四

善本書所見録續補……二一六五

善本書所見録卷一

上虞　羅振常子經撰

經部

九經白文

宋巾箱本。半頁二十行，行二十七字，小黑口，板心下方書刻工名。初印。恭邸藏書。

九經白文

小字巾箱本。半頁二十行，行二十七字，横不成行，綫口。上有高頭，釋字音、字義。書口上有字數，下有刻工名。明覆宋刻，繆藝風謂是晉江本。

關氏易傳一卷

明覆宋刻。前有天水趙蕤序。後舊補録當塗假守□椿跋，淳熙己亥迪功郎新安婺州浦江縣主簿程準跋。大字，白口，半頁九行，十六字，注同。有「閩楊浚雪滄江海堂藏本」朱文長方印。

周易程朱二先生傳□卷

半頁十二行，每行二十二字，雙框，雙魚尾，小黑口。「凡例」後及《筮儀》末頁，均有「至正壬午桃溪居敬書堂刊行」牌子二行。

程(周)[朱]二先生周易傳義

存「下經」四、五、六三卷，題「伊川先生程頤傳，晦庵先生朱熹本義」。半頁十一行，大字二十一，小字二十五。「傳」、「本義」標目皆陰文，雙框，小黑口，雙魚尾。

周易本義十二卷

宋本。前有咸淳乙丑九江吳革序，行書。大字半頁六行，行十五字，小字同。大字如龍眼大。單框，白口，雙魚尾，書口上記字數，下記刻工名。宋諱缺筆。「彖象」四卷補鈔。有「禮部官書」大長方印(水印)。每卷後有「敷原後學劉公校正」一行。其卷次如左：

易圖　上經一　下經二　彖上傳一　彖下傳二　象上傳三　象下傳四　繫辭上傳五　繫辭下傳六　文言傳七　説卦傳八　序卦傳九(末四頁乃補刻款行，且是線口)　雜卦傳十　贊筮儀

周易雜論精義

舊抄。不分卷。題東萊吕祖謙編。馬氏漢[唐]齋藏書，有「馬玉堂印」(白方)、「笏齋」(朱方)二記。此書通檢各家書目，皆未著録。祇有《周易繫辭精義》二卷(見《經義考》及《詒經堂續經解目録》)，

亦東萊所撰。然彼書專論「繫辭」，此則雜論易理，固截然爲(專)二書也。馬氏爲海昌有名藏書家，所藏多驚人秘笈、宋元孤本。以此本證之，信然。丙辰季冬四日。

尚書正義□卷

宋十行本。半頁十行，行十七字，字數、刻工，注每行二十三字。前有孔穎達序，九行，十五字。雙魚尾。有「揚州汪喜孫孟慈父印」(朱方)、「喜孫校讀」(白方)，「伯寅藏書」、「佞宋齋」、「八求精舍」(均朱方)。每卷首「附釋音尚書注疏卷第□」。

尚書釋音上下卷

覆宋本。半頁十行，大板心，每行大小字不等。題「唐國子博士兼[太]子中允贈齊州刺史吳縣開國男陸德明撰」。卷上缺首半頁。有「陸魚亭藏閲書」(朱方)、「陸仲子曾讀一過」(朱方)。末頁格外有「光緒紀元仲夏江山劉氏摹刻」小字一行。

古文尚書馬鄭注

孫淵如手校本。《古文尚書馬鄭注》十卷《尚書逸文》二卷，宋王應麟集，孫星衍補集，問字堂原刊本。有「孫星衍印」(白方)、「都官」(白長方)二記。書中有校改若干則，皆淵如手筆，蓋刻成後又取衍引之書加以復校也。觀其改正處，竟有徵引譌誤者，想見著書之難。又有「寶應朱氏游道堂藏」(白方)及「朱彬」小印二方(「朱」白文、「彬」朱文)。彬字武曹，著有《禮記訓纂》、《經傳考證》及《游道堂集》。

書集傳音釋六卷

元本。半頁十三行，每行二十三字，小黑口，雙魚尾，雙框。每卷首「書卷第□」，次行「蔡氏集傳，鄱陽鄒季友音釋」。汲古閣藏書，有「汲古主人」、「子晉」二印，均朱方。

書傳輯録纂注六卷序一卷

蔡氏傳，元董鼎纂注。元勤有堂余氏刊。半頁十一行，經文行十八字，「傳」低一格，連空二十一字，「纂注」小字雙行同。黑口，雙框，雙魚尾，元刊元印。

書蔡氏傳輯録纂注六卷書序一卷

每卷第一行題「書卷第幾」，次行「朱子訂正蔡氏集傳」，三行「後學鄱陽董鼎輯録纂注」。半頁十一行，每行二十字，注二十四字，雙框，綫口，雙魚尾。有「古檇李江山風月主人子淵項元深氏世濟[美]堂收藏書籍印」（朱方）、「子淵」（朱長方）、「如臨深淵」（白方）、「項氏寶享印」（朱方）、「項仲子安甫印」（朱長方）、「硯卿氏」（朱方）。書序末頁有「建安余全仲刊于勤有堂」牌子二行。

尚書義五十八篇

稿本。平湖陸煊撰，妾沈彩手書。前有《尚書傳受顯晦始終考》、《尚書大義》。乾隆五十一年正月吉日平湖陸煊自序，序後有「某谷」（朱長圓）、「陸煊私印」（白方）、「陸氏子章」（朱方），次「□侍史沈彩書」小字一行，「沈彩」（朱方）。此後每卷後皆有某（者）[谷]及書者題名、印記，卷後時有沈彩題句。末卷有乾隆五十二年臘月二十一日女史沈彩跋，「沈彩」（白方）、「虹屏」（朱方）。後有「男坦、坊重校一字無訛」一行。

詩集傳

宋刊大字本。半頁七行，行十五字，注同。白口，上有大小字數，下有刻工。

詩集傳十卷圖一卷

元刊本。附許謙音釋。圖後有「歲次庚戌仲冬正齋精舍」牌子。每半頁十二行，每行二十一字。

詩地理考六卷

元刊本，有明嘉靖丁巳補板。每半頁十行，行二十字。有「彭宗因印」、「季親甫」二印。

詩傳通釋

元刊。前有朱子《詩集傳序》，次《諸儒引用書詩序辨説》，次《詩傳綱領》，次《詩傳外綱領》。正書共二十卷，卷一第一行題「詩卷第一」，次行「朱子集傳」，次行「後學安成劉瑾通釋」。末頁有「至正壬辰仲春日新書堂刻梓」牌子二行。二卷以後無題名。半頁十二行，詩正文每行二十一字，傳每行二十三字，雙框，小黑口，雙魚尾。

詩傳大全

元刊本。半頁十一行，每行二十一字，雙框，雙魚尾，小黑口。

韓詩外傳□卷

元刊。半頁十行,行二十字,單框,線口,雙魚尾,書口上有字數。袁(文)[又]愷藏書,有乙卯九月顧千里跋,嘉慶二年瞿木夫跋,乾隆六十年黄蕘圃跋,癸亥四月蕘圃再跋。每卷書「詩外傳卷第□」,次行「韓嬰」。「平江袁氏珍藏」(朱文亞字形)、「袁(文)[又]愷藏書」(朱文長方)、「貝墉所藏」(白方)、「楓橋五硯樓收藏印」(朱長方)、「蕘圃手校」(朱方)、「黄丕烈」(白方)、「蕘圃過眼」(白長方)、「廷(樓)[檮]印」(朱方)、「五硯主人」(朱方)、「南皋艸堂」(白方)。

韓詩外傳十卷

汲古閣刊本,初印。每卷皆有朱筆「某年月日以元本校過」一行。全部加朱點,校亦朱筆,字又不如毛褒之精整,然與斧季是一派也。有「毛表之印」(朱文方印)、「字奏叔」(白文方印)、「秉中」(白文方印)、「蔣嘉珍印」(朱文方印)、「文肅元孫文悫曾孫」(朱文方印)、「蔣嘉」(半朱半白方印)、「珠纏」(朱方)。所謂元本,殆即大德本,蕘翁諸人有題跋者(此書存合肥李氏,記得有顧千里、瞿木夫諸人長跋)。

周禮白文

宋刊本。上附切音,每頁書口下記刻工姓名,上方記字數。缺第一至第三十頁,每半頁二十行,每行二十七字。

周禮

宋刊本。半頁八行，行十七字，雙框，雙魚尾，白口，上字數，下刻工。「鄭注」下加一「〇」爲「音義」。大字本。每頁後有書篇名。

宋祥符石經周禮（殘本）

拜經樓影摹本。有吳兔牀跋，并殘本目錄。

至和石經周禮

天官

第一排 「周禮卷第一」（篆起，至「天官」） 「徒四十人」（正）

第二排 「淩人」（正起，至「宮人」） 「徒八十人」（正）

第三排 「九擯」（篆起，至「縫人」） 「女」（正，「女御八人女」）

第四排 「大宰」（正，「一曰保屬」至「九」，旁刻「十二」二小字） 「山澤之賦」（正）

（此排止二十九行，後一行缺）

第五排 「之小治」（篆起，至「小宰」） 「以敘作其事」（正）

第六排 「曰廉辨」（正起，至……） 「木鐸」（正卜）

（此排止二十五行，「鐸」字下缺）

春官

第七排　「大宗伯」（篆，「大禮若王不與」至「小宗伯」）　「辨吉凶」（正）

第八排　「肆師之職」（篆，「牲繫于牢」至……）　「爲位類造」

第九排　「司尊彝」（篆，「朝享祼用虎彝」至「司几筵」）　「莞席紛純」（正）

第十排　「典瑞」（篆，「其玉器」至……）　「諸侯之適子」（正）

第十一排　「典祀」（篆，「司隸而役」至「世婦」）　「拜事於婦」（正）

第十二排　「職喪」（篆，「所共職喪」至「大司樂」）　「六舞大合」（正）

嘉慶乙丑春，蘇尹倫孝廉得宋祥符刻於太學之石經，與葉井叔《嵩陽石刻記》、畢（和）［秋］颿《中州金石記》等所載略同，惜尚有他經不可得。因屬陳子根修摹録，與蜀石經《毛詩》殘本並藏於拜經樓。戊辰二月，騫識。「吴騫之印」（方印，半白半朱）。

光緒紀元二月二日并州田思厚觀。

周禮總義

舊抄本。不分卷，不著撰人。案此書卷端無書名，而每段之注皆冠以「易氏總義」或「易氏曰」字，知爲宋易祓。祓字彦祥，長沙人。《宋志》作三十六卷，《讀書附志》作三十卷。宋時刻于衡陽，許儀爲之序，見《經義考》一百二十三，而注云「未見」。張金吾《詒經堂續經解目録》亦作三十卷，而缺一至九卷、十八至二十七卷，計存者僅十一卷。觀竹垞、月霄存殘本，此書蓋已佚之籍也，故《永樂大典》採輯書目中有《周官總議》三十卷。此本無書名，無卷數，所題子目復參差，而每段皆有「易氏總義」數字，其出於採輯無疑，蓋《大典》輯本也。第一册有朱竹垞、程瑶田藏印，當是竹垞所迻録。宋人言三《禮》者獨少，此書館臣雖輯得，亦未付聚珍本印行，恐當時亦未及釐訂。存此孤本，不絶如線。若能取張氏之原書殘本，與此採輯本合輯而校刊之，顧非不一大快乎。

第一册「朱彝尊錫鬯」（朱方）、「程瑶田鑒定」（朱長方）。

東壁疑義周禮五卷

舊抄本。前有《周禮贅言》，即《周禮疑義》序也。案作「（某）［東］壁日識」，與《愛日精廬藏書志》所載序同。計分天官、地官、春、夏、秋官，共五卷。大題作「東壁疑義」，下注「周禮之幾」，署「仁和吴廷華」。序言「六典中凡得二百餘則」，今數之，一卷四十八則，二卷六十四則，三卷四十八則，四卷二十三則，五卷二十三則，共二百〇六則，與序合。

儀禮圖十七卷儀禮旁通圖一卷

宋刊明修本。每半頁十行，每行二十字。

儀禮圖十七卷

宋楊復撰。有朱文公《乞修三禮劄子》，紹定戊子秦溪楊復序。序後低一格，行書，寧德陳普序。半頁十行，行二十字，注同。白口，上有字數，下刻工名。此所謂宋十行本，然號碼已夾草書，目録「卷第□」上作「〔〕」，已有元式，蓋宋末元初槧也。

儀禮圖十七卷

元本明補。半頁十行，行二十字，注同。前有晦庵朱文公《乞修三禮奏劄》，次爲紹定戊子正月望日秦溪楊復序。序後低一格，爲寧德陳普序（行書），後附《儀禮旁通圖》一卷。中欄原本上魚尾上記字數（大□千、小□□□），魚尾下作「儀禮□」，下魚尾上記頁數，下記刻工或姓或名。補板上魚尾上或記補板年月（正德十六年），或書「閔何校」，餘同。（參見本書第二六五頁）

禮經會元四卷

元至正二十五年刊本。每半頁十一行，行二十四字，黑口。書葉籤題署「夷白軒藏」，有「夷白軒」印。卷二、三有「汪士鋐印」、「文升」二印。

禮記注疏

李元陽本。

拙庵行人購得宋槧《禮記正義》示余。余案《唐·藝文志》，書凡七十卷，此書卷次正同，字體仿石經，蓋北宋本也。先是，孔穎達奉詔撰《五經正義》，法周秦遺意，與經注别行。宋以來始有合刻，南宋後又以陸德明《釋文》增入，謂之《附釋音禮記注疏》，編爲六十三卷，監本及毛氏所刻，皆是本也。歲久脱爛，悉仍其闕。今以北宋本校毛本，訛字四千七百有四，脱字一千一百四十有五，闕文二千二百一十有七，文字異者二千六百二十有五，羨文九百七十有一，點勘是正，四百年來闕誤之書，犂然備矣，爲之稱快。唐人疏義推孔、賈二君，惟《易》用王弼，《書》用僞孔氏，二書皆不足傳。至如《詩》、《春秋》、《左氏》、三《禮》，則旁採漢魏南北諸儒之説，學有師承，文有根柢，古義之不盡亡，二君之力也。今監本、毛氏所刻諸經，尚稱完善，而《禮記》闕誤獨多，拙庵適得此書，可謂希世之寶矣。拙庵家世藏書，嗣君博士企晉，嘗許余造璜川書屋，盡讀所藏，余病未能。息壤在彼，請俟他日。因校此本，并識于後云。己巳秋日，松崖惠棟。

錢丈景開購得宋槧《禮記》示僕，并以監本乞余點勘。余案是本編六十三卷，名曰《附釋音禮記注疏》，乃南宋槧本也。其闕文脱字，頗稱完備，然魯魚亥豕，亦復不少。間有監本是而此本非者，其宋刻之亞者歟。因取家藏惠定宇先生手校北宋本對勘一過，以是本參校，并録惠跋于卷端歸之。乾隆丙午長夏，秋崖朱邦衡識。

春秋穀梁傳十二卷

明萬曆刊本。何義門黄筆批校，朱筆圈點。其批《義門讀書記》已載，特所録《注疏》未採耳。後有沈潁谷跋。間有朱筆所記，則出潁谷。

義門先生採《注疏》，而以己義爲折衷。其于經傳精義，殆有獨得。戊子五月，授是册於余，謹讀而藏之，永爲世寶。潁谷誌。

「巖」（朱方畧長）、「潁谷」（白方）、「好學爲福」（朱長方）、「結緣」（朱長方）、「潁谷」（朱長方）、「沈巖」（白方）。

春秋經傳集解三十卷

明覆宋刻巾箱本。半頁十行，行十八字，注廿二字，線口，雙魚尾。每卷首題「春秋經傳集解第□」，次行低寫杜氏，中隔二字寫「盡□□年」。書口上寫「左傳一卷」，中寫「隱公」，似嘉靖刻。

纂圖互注春秋經傳集解十七卷

元刊。半頁十二行，行二十一字（間有二十二字），注廿六字。小黑口，小字本。頗精。

春秋五禮例宗

舊抄。存一至三、七至十，缺四、五、六三卷。傳抄宋本。書口下方有刻工名。半頁十一行，行二十字。前有紹聖四年張大亨自序。「馬玉堂印」（朱方）、「笏齋」（白方）、「吳興書富第一家丁氏」（朱扁方，八分書）、「手抄集萬卷數世之苦心流落不知處璧書絲竹音」（朱方，分書）。

直祕閣張亨父先生著。亨父尚有《春秋通訓》，惟《永樂大典》輯本，以俟訪。丙辰正月九日，寶書閣主人識。

「得此書良不易後之人勿輕棄」（朱方，分書）、「漢唐齋」（白長方）、「丁芮樸」（白方）。宋諱缺筆。

舊抄《春秋五禮例宗》十卷，存卷一至三、卷七至十共七卷，缺卷四至六共三卷。書口下有刻工名，宋諱缺筆，蓋自宋本迻録也。所缺爲「軍禮」一至三。案《四庫全書總目》稱此書《永樂大典》所引無「軍禮」一字，則明初已缺。惟「軍禮」實四卷，僅佚其三，而《大典》乃一無徵引，何耶？昭文張氏亦有舊抄本，缺卷與此同。《愛日精廬藏書志》中載張氏自序，今以此本校之，則張本有三誤字，可據此改正。蓋兩本雖同出自宋刻，而傳寫多訛，遂有得失。此本爲古鹽馬氏、吳興丁氏遞藏，丁氏並有識語，讀其藏印，得者洵當寶之也。己未五月十日，羅振常誌于海上之蟫隱廬。時商人罷市，九衢鼎沸，燈下攤卷，不知門外之囂塵也。

詳注東萊先生左氏博議二十五卷

前有自序。次目録，每一題上有陰文一、二、三、四字，計二十一卷，共一百六十八題，即共一百六十八篇也。有注。半頁十行，行二十字。其「卷一」、「卷二」字在陽頁右肩。白口，巾箱本，似嘉靖麻沙刻也。目録每卷上有「▼」，似出元板。

詳注東萊先生左氏博議二十五卷

麻沙本。前有自序，目録。卷數上方及一、二、三、四字，皆作黑底白字，如元板式。似嘉靖刻。初印。巾箱本。白口。有注。半頁十行，二十字。

春秋左傳句解

宋林堯叟注。半頁十行，二十二字，注同。黑口，雙魚尾。有盧氏藏書印。皮紙淡墨。元末明初刊本也。

春秋胡氏傳纂疏三十卷

元刊元印本。每半頁十一行，行二十一字。後有至正八年刻書跋。

春秋屬辭十五卷

元刊本。小黑口。每半頁十三行，行二十七字。每頁書口記字數及刻工姓名。卷末有「金居敬復校，學生倪尚誼校對，前鄉貢進士池州路儒學學正朱升校正」款三行。

孝經論語孟子白文

宋刊本。上附切音。每頁書口下記刻工姓名，上記字數。每半頁二十行，行二十七字。每册首有「嘉興唐翰題觀」印。《孟子》第十七頁以下缺。

孝經注疏八卷

宋刊本。有明正德六年、十二年補板。

孝經一卷

元刊魁本。大字。前有唐明皇序。經作白文，無注。板框高六寸，闊三寸强。半頁十行，十六字。

雙框，單魚尾，小黑口。乃當時童蒙讀本。

會通館集九經韻覽十四卷

明會通館銅合字本。前有序，不著撰人。次「凡例」，華燧撰。半頁九行，十七字，小字雙行。版心上方「弘治歲在著雍敦牂」。

黄四如先生六經四書講稿六卷

舊抄。傳録孫文炳刊［本］。嘉靖二十六年黄佐序。題名後有編校兩行（同瞿目），後嘉靖丙午九世孫文炳跋。

此書乃傳録嘉靖二十六丙午九代孫文炳刻本。愛日精廬、善本書室所藏亦係舊抄，皆録自嘉靖本，可見原刻傳本之少，而除此别無他刻亦可知矣。《四庫全書提要》謂「《福建通志》、《莆田縣志》皆載仲元有《四書講稿》，今觀此書所講，寔兼及諸經，不止《四書》」云云。案二志誠誤，然《提要》所據即文炳刻本，觀此本原題爲「六經四書講稿」，似不必更爲此辨。蓋《四庫》録書必改原名，《總目》已作《四如講稿》，作《提要》時必據繕本爲之。不知原名實兼「六經」，宜其有此論。可見妄改古書之名，其誤大矣。朱竹垞《經義考》搜羅最博，此書則遺，可見抄本亦極少見也。

音點大字論語上下卷

元刊本。《鄉黨》以上爲上卷，《先進》以下爲下卷，即所謂「上下論」也。半頁十二行，行二十三字。

雙框，小黑口，雙魚尾。白文無注。每章間一圈，亦童蒙讀本也。

論語外篇十卷

明豐城李栻輯。萬曆精刊本。前有萬曆癸未豐城李栻孟敬甫自序及引用書目。

□□□□□點孟子二卷

首卷至《離婁章句上》而止。元刊大字本。半頁十二行，行廿一字。雙框，雙魚尾，小黑口。每章起訖處隔一「○」，白文無注。板心高六寸強，半頁闊四寸弱。每句有小「○」。前有趙岐《孟子題辭》。書眉朱筆記「某日温了」，《題辭》上亦然，知元時人尚讀《題辭》也。此當時童蒙讀本。

孟子注

宋本。大字。小黑口甚狹，雙魚尾，無字數、刻工。上有高頭爲「音義」。半頁十行，行十七字。正文及注皆以圈斷句，氣習已近於元。每章首作陰文數目字，作十六，蓋即十六章也。

孟子音義二卷

覆宋刊。前有孫奭進書表，全銜。封面後有篆書牌子，曰「甘泉汪氏問禮堂藏本，道光二十三年日照許翰刻置孟子三遷書院」。半頁十行，大小字數不同，每行二十字。

孟子通十四卷孟子集注通證二卷

元胡炳文撰，《通證》元張存中撰。元刊元印本。每半頁十一行，每行大字十九，小字二十一字。

《通證》每半頁十三行，每行二十四字。有「毘陵周氏九松迂叟藏書記」、「周良金印」、「周氏藏書之印」、「王定安印」、「鼎丞珍賞」、「夷陵王氏寶宋閣收藏之印」諸印。

孟子注疏解經十四卷（每卷分上下）

叢書堂抄本。每卷第一行題「孟子注疏解經卷第□」（如卷十三上），次行「某章句上」或「下」（如「盡心章句上九章」）。趙氏注，孫奭疏。先注後疏，無《孟子》正文。黑格，書口有「叢書堂」三字。半頁十行，二十字。注、疏均低二格，每更端一行，疏字衹低一格。有「士禮居藏」（白方）、「曾藏汪閬源家」（朱長方）。

是書于辛亥歲從學餘書肆中得來。始余于録中見有是書，携歸翻閱，見有殘缺，心甚不喜，因還之。後檢錢遵王《讀書敏求記》，其所載《孟子注疏》十四卷，是叢書堂録本，簡端五行爲匏翁手筆，古人於《注疏》皆命侍史繕寫，好書之勤若是。以監本、建本校對，踳謬脱落，乃知匏翁抄此爲不徒也云云。方悟所見之本，爲也是翁家故物，故亟往索之，云已携至玉峯書籍街去矣。迨至書船返棹，而是書依然在焉，喜甚携歸。開卷視此五行，果與後人筆跡迥殊，其爲叢書堂録本無疑。至卷中抄寫不全，想係宋刻録出之故，容俟暇日取他本校對，以徵此本之善。噫，遵王所藏，曾幾何時，而已入書賈之手，豈不可惜，然猶幸余之自《敏求記》中語而知是書而寶之，不亦快哉。壬子九月四日，命工重裝，書此數語。「丕烈私印」（朱方）、「蕘圃」（朱方）。（工楷墨書）

原有楠木匣，刻字亦復翁書（錦套）。

匣面：孟子注疏（分書）十四卷　叢書堂抄本　七册全函

匣端：叢書堂抄本孟子注疏

甲編

士禮居藏

經部（分書）

中庸

元刊大字本。白文無注。半頁十行，十九字，單框，小黑口，雙魚尾。亦童蒙讀本。其「右第□□章」字作白文。

魁本大字音點中庸

元刊。十行，十九字。單框，雙魚尾，小黑口。皆童蒙讀本。

中庸集注一卷

元刊大字本。半頁九行，十七字，注同。雙框，雙魚尾，小黑口。板框高六寸强，闊四寸弱。題「朱子集注」。附《中庸或問》，題「朱氏」，行款相同。蓋諸本中之精刊者。

四書經疑八卷

元至正辛卯建安同文堂刊。每半頁十一行，行二十一字。每卷前後書題，大字占二行。有吳兔牀手跋二則（文載《拜經樓藏書題跋記》）。卷首有「拜經樓吳氏藏書」、「仲魚過目」，卷五有「陳仲魚讀書記」，卷末有「兔牀」等印。

此書標題每卷不同，卷一至卷四前後并署「四書經疑問對」，卷五題「四書經疑」，後題及卷六、七前後題均作「四書疑」，卷八前題作「四書疑」，「後」題「經疑問對」。

樂書二百卷

元刊本。每半頁十三行，行二十一字。謏聞齋藏書，首有「臣顧錫祺」、「謏聞齋」、「開卷有益」三印，又有謏聞齋主人引司馬温公語小字大朱記。

爾雅三卷

晉郭璞注。嘉慶丙寅十一年顧氏思適齋覆刊明吳元恭本。吳氏原出宋槧。前顧序，後戈襄跋。八行，十七字。每卷後有經注字數。

爾雅注疏

元刊明補。半頁九行。疏低格另抬，作圓形陰文「疏」字。或黑口，或白口。有字數。雙魚尾。

埤雅二十卷

元板。前宣和七年男陸宰序（題銜「男朝請郎」云云「陸宰撰」共二十九字）。關係朝廷字空格。半頁十行，十九字。黑口，雙框，雙魚尾。序八行，十六字。每卷題「重刊埤雅」，次題撰人全銜。有「嚴可均之印」（朱方）、「鐵橋」（白方）。目録中卷十三下注云「共十一簡，缺十一」；卷十四下注云「共玖簡，内缺七」。

埤雅

元本，明初補。十一行，二十字。

埤雅

明初本。黑口，十行，二十字。

爾雅翼三十二卷

明萬曆刊大字本。

博雅十卷

魏張揖撰，隋曹憲音解，明皇甫録校正。嘉靖大字本。

別雅五卷

原精刻本。前有相南程嗣立序，鏡湖王家賁序。每卷後有牌子篆書二行，曰「乾隆七年九月新安程氏督經堂刊」。後有汪葵田跋，葵田名汲，即著《古愚老人消夏録》者。

吴山夫先生所著《别雅》，已收入《四庫全書》，應同不朽。但于乾隆三十九年八月十九日，清江浦黄河水溢，將所有原刻板片漂没無存。此本購之坊市，不可多得，特誌之。汪葵田書。

孫淵如手寫説文

朱格，有框，無細闌。每半頁篆書三行，楷字三行（即釋篆文），每行四字，極精整。後有小字篆書跋云：「右以《説文》字頭下引《説文》所有之字，便于查閲。如本部下所無者，當以假借代之。孫星衍并識。」

説文解字篆韻譜五卷

元刊本。每半頁七行，行五篆。卷一之末有「丙辰菖節種善堂刊」牌子。每卷首有「天得庵」，每卷末有「福堂」印。

大廣益會玉篇三十卷

元刊小黑口本。每半頁十二行。每册首有「曾在王鹿鳴處」、「怡園主人」，每册末有「雪苑王瓊宴家藏書」等印。

歷代鐘鼎彝器款識法帖二十卷

宋薛尚功撰。明宗室朱謀垔刊本。前有崇禎癸酉南州朱謀垔隱之甫序（稱尚功手書稿，舊爲德平秘藏，庚午夏亟得之授梓）。後有諸名人題識。行款與世行本不同，刻頗精，篆書較後刻精整，但未暇細校耳。

錢唐薛尚功摹集三代彝鼎款識文凡二十卷，較其器之墨跡，筆精墨妙過之。又其（詩）〔討〕論有出於《博古》、《考古》之外，前輩博雅精詣如此。彼困而不學，竊好古之名，自比於米顛者，得不有愧。方外張天雨老學齋觀。（行書）

孟頫鑒定。（正書）

嘉熙三年冬十有一月望後十一日，外孫朝（清）〔請〕郎新知臨江軍事楊伯嵒拜觀于二十四叔外翁書室。

後二十年，弁陽周密得之外舅詠齋書房。

集金石録者多矣，尚功所編尤爲精詣，況其墨跡乎。余舊於山陰錢懷平家屢閲之，誠奇書也。至正元年十二月甲子，鑑書博士柯九思書於吴氏遜學齋。（行書）

鄱陽周伯温觀于中吴寓舍。（篆書）

鄞豐坊借觀于金陵兼隱館緑園觀心沼上悠然舫對鍾山題。（隷書）

六書正譌五卷

元刊本。小黑口。每半頁五行，行小字二十。卷首有「大興朱氏竹君藏書」印。

廣韻五卷

元刊本。小黑口。每半頁十三行。序末有「元統乙亥中秋日新書堂刻梓」牌子。

廣韻五卷

元刊小黑口本。每半頁十二行。序末有「至正丙午菊節南山書院刊行」牌子。

廣韻五卷

元刊本。前有天寶十年陳州司法孫(恒)[愐]《廣韻》序，序後有「元統乙亥仲秋日新書堂刻梓」牌子。半頁十一行，十七字。序後有《指南韻文》，半頁十三行，每行大小字數不同。小黑口，雙框，上下魚尾，韻目陰文。

韻補

前有乾道四年四月武夷徐蕆序。次《韻補書目》，目後有吴棫識語。線黑口，雙魚尾，書口上有字數。半頁十行，注每行二十四字，大字一當小字三。

善本書所見録卷二

上虞　羅振常子經撰

史部

二十一史

明南監本。明南雍舊址，國初改爲江寧儒學。順治十六年，由兩江總督郎廷佐修補一次。至康熙四十年，宋(學)〔犖〕巡撫兩江，又修一次，補四十餘頁。郎、宋均有序。此部有乾隆二十四年補板，乾隆後殿板行，監本乃廢。

史記一百三十卷

明末刊本。明徐(家)〔孚〕遠、陳子龍測議。有「陳子龍印」(朱方)及「潁川陳氏校定典籍之章」(朱長方)二印。前有吳讓之題。有「吳熙載藏書印」(朱方)、「讓之」(朱方)。

此書得于十五歲，有陳臥子印，闕末數卷，遂贈蘊生。蘊生既又得三十卷，復以餘者見還，不忍去之。至六十歲復得一部，紙墨相髣髴，乃以原有卷數補其不足，間有穎川陳氏印者，雖片楮仍留之，存其舊也。今年夏，命工人重裝之。至書之優劣，雖不免明季習氣，然亦賢于《評林》多矣。咸豐十年七月，儀徵吴熙載記。

史記索隱三十卷

汲古閣刻。此本姚氏藏書，原出宋刻。觀毛氏跋語，原是大字本，行款雖改，而字句未敢輕易。今以世行本《史記》校之，僅一序中，其異同已不可枚舉，誠善本也。前人注書多用「也」字，凡唐寫卷子本皆如此，其後刻本則多删去。此本亦多「也」字，足徵其據卷子本上板，尚未經人删節也。毛跋《隱湖題跋》漏載，可據此補之。戊午仲冬。

讀《史記》多尚《索隱》，宋諸儒尤推小司馬《史記》與小顔氏《漢書》，如日月並炤。故淳熙、咸淳間官本頗多。廣漢張介仲削去褚少孫續補諸篇，以《索隱》爲附庸，尊正史也。趙山甫病非全書，取所削者别刊一帙。澄江耿直之又病其未便流覽，以少孫所續補，循其卷第而附入之。雖桐川郡有三刻，惟耿本最精。余家幸藏桐川本有二，擬從張本，恐流俗染人之深，難免山甫之嫌；擬從耿本，恐列《三皇本紀》爲冠，大非太史公象閏餘而成歲之數，遂訂裴駰《集解》而重新焉。每讀至舛逸同異處，如「宰我未嘗從横」之類，輒不能忘情于小司馬。幸又遇一《索隱》單行本子，凡三十卷，自序綴于二十八卷之尾，後二卷爲《贊述》，爲《三皇本紀》，迺北宋祕省大字刊本。晉丞正其譌謬重脱，附于裴駰《集解》之後，真讀史第一快事也。倘有問張守節《正義》者，有王震澤先生行本在。古虞毛晉識。

按：汴本釋文演注，與桐川郡諸刻微有不同。如「鄭德」作「鄭玄」，「劉氏」作「劉兆」，姓氏易曉其訛。如《詩含神霧》，《援引書目》豈得作「時含神霧」？但「樂彥」通本作「樂産」，未知何據。《高祖本紀》中「人乃以嫗爲不誠，欲笞之」，諸本皆然。《漢書》作「欲苦之」，茲本獨作「欲告之」。此類頗多，不敢妄改。至如世家、世本，俱作系家、系本，避李唐諱也。後人輒爲改易，小司馬能無遺憾耶？晉又識。

史記正義一百三十卷

明嘉靖乙酉王延喆翻刻宋本。十行，十八字，注二十三字。每卷後記一行，史若干字，注若干字。書口下記刻工姓名。宋諱多仍舊缺筆。最後有延喆識語。每卷有内府圖書之印章。

漢書

宋刊本。字極大，九行，十六字，注四字約當正文三字。線口，作

	前漢紀一下		十九	

前後〔漢〕書

目録後及末卷有「嘉靖丁酉冬月廣東崇正書院重修」牌子。十行，二十二字，白口，無魚尾。

漢書食貨志

《古逸叢書》本。此乃初刻時樣本。每頁上套印黄紙，寬處及旁線而止，上眉約出七分，下脚四分，實所僅見。疑爲欲示原卷紙本之寬狹者，後以其不甚美觀，遂廢此法不用，亦一刻書掌故也。此爲卲進齋舊藏，必黎氏贈姚彦侍者。

後漢書

明末刊本。汪文端公（由敦）手録何義門批，字極精整。十行，二十（行）［字］。注兼録劉（别）［攽］校誤。有「汪由敦印」（朱文）、「謹堂」（朱文）二印。後有文端手跋。

義門先生云，初讀此書，嫌其訛謬爲多。及觀劉氏《刊誤》諸條，乃知在北宋即罕善本，緣前人重之不如班書故也。嘉靖中南京國子監刊者，注經删削，此猶完書，故是一長。其舊本不差，此復滋□者，略爲隨文改定云。庚子冬至前五日，校録于京師寓舍。巖。

雍正十年壬子夏，吴郡沈兄穎谷來京師應京兆試。篋中攜班、范二書，是前輩何義門先生閲本，喜從借臨。沈于是書頗珍護，而以予求之篤切，遂出以相示。予館職之暇，輒研硃批校。事隨日生，屢作屢輟。續志甫畢，穎谷報罷南歸，因留列傳六册俾予卒業。自壬子五月至今十閲月，乃得竣事。適同何校皆汲古閣本，而予所藏《後漢書》乃鍾人傑所（開）［刊］，注文删削，十不存五，頗以爲恨。適同門陳紫瀾購得此本，較毛刻更精，兼録劉氏《刊誤》，與監本略同。余一見欣賞，紫瀾慨然許以相易，遂加復校。良友之助，受益良多，并疏卷末，以識所自。

此爲明季陳祖苞刊本。眉間朱筆，則汪文端公所手批也。上有録義門評，下眉則比校各本異同，當是文端自校。卷端多有「汪由敦印」、「謹堂」二章。文端書法精整，不讓義門，固一見可辨。惜最末缺半頁，致文端手跋未全，深以爲恨。適得《松泉文集》檢之，則此跋存焉，因照寫足之，欣喜過望，續貂之譏，所不暇顧。文端録義門批書共七種，去年得見《史通》，今又見此書，可云眼福。所謂沈君潁谷，予嘗見其校明覆相臺本《春秋》甚佳。前録之跋署名爲「巖」者，當即潁谷。庚子爲康熙五十九年，雍正壬子之前十二年也。裝訖，既續録原跋，并附語于後，以誌慶幸。時壬戌孟夏望日，上虞羅振常書於海上之蟫隱廬。

前有景祐元年九月秘書丞余靖序，劉昭《後漢書注補志序》，范詹事自敍略（後有苞按語），梁剡令劉昭傳，唐章懷太子傳（後有苞按語）。目録前題「宋順陽范曄撰，唐章懷太子李賢注，明浙紀陳祖苞訂」。目録後有校刊姓氏：

張南捷字實甫，檇李。姜士望字宗林，廣陵。

顧同應字仲從，吳郡。陳爾翼字君馮，會稽。

余大美字仲容，廣陵。吳孝章字平子，檇李。

陳甫仲字申甫，陳佶字吉人，

陳之遴字彦升，陳之暹字次升，俱虎林。

頃見涵芬樓影印袁本《世説新語》，乃吳嘉泰迻録沈潁谷校本。後有沈跋二，一署「潁谷」，一署「巖」，而吳氏跋語則稱「沈寶硯以傳是樓藏宋本校」，足徵此書前跋即潁谷。潁谷又字寶硯。《士禮居藏書題跋記》中每稱「沈寶硯校本」，皆即是人，在康雍間校書頗有名者。六月上澣酷暑揮汗再記。

後漢書一百二十卷

元大德刊本。每半頁十行，行二十二字。有明成化十七、十八年補板。有「葉樹廉印」、「石君印」、「青箱事業」、「養浩」。元刊，書口上記字數，下記刻工姓名。每卷末有校者姓名，張臬、許應斗、李荆、胡大用、程紹慶、寧國學正王師道、張能官等姓名。補刊書口上記年數，下記校者姓名。

魏志

宋刊本。中字。單框，白口，單魚尾，下記刻工。十行，十九字，注二十二字。

魏志

宋刊本。中字。雙框，線口，雙魚尾。十行，十八字，注二十三字。

魏志

元刊本。中字。雙框，白口，三魚尾。十行，二十二字。白口，上記字數，下記刻工。

晉書

十行，十九字本。目録有數頁爲宋時原板，餘皆元板。陳仲魚藏書。有圖象及「後之人……」二印。

晉書一百三十卷音義三卷

元刊本。小黑口。每半頁十行，行二十字。卷一有「黄丕烈印」、「蕘圃」、「朱氏掛琹仙館藏書印」、「畹生眼福」諸印。卷一首頁書口下有「李友文刊」四字，卷四十、四十一、四十二、四十七、四十八五卷鈔補。

宋書一百卷

宋刊本。每半頁九行，行三十字。有明弘治、嘉靖補板。

南齊書五十九卷

宋刊本。每半頁九行，行十八字。有元時補葉。

梁書五十六卷

宋刊本。每半頁九行，行二十八字。有明時補葉。

陳書

宋大字本。九行，十八字。單框。無魚尾，上字數，下刻工。白口。

魏書一百十四卷

宋刊本。每半頁九行，行十八字。

魏書

宋大字本。九行，十八字。單框。單魚尾，上字數，下刻工。白口。

北齊書五十卷

宋刊本。每半頁九行，行十八字。有明嘉靖補板。卷首有「尚書世家」印。

周書五十卷

宋刊本。大字，九行，十八字。小黑口。魚尾上方右偏記字數，書口下記刻工姓名。嘉靖十年補刊。

周書

此書有題識二處，第一卷首頁一行曰「以明章蘖刊本、鍾人傑本校」。下有二印，「兔」（白方）、「牀」（朱方）。末頁又一行曰「此本視明章蘖刊本及鍾人傑本各有佳處」。旁有「竹下書堂」（朱方）印。前又有「千元十駕人家藏本」（白長方）印。

隋書八十五卷

元刊本。黑口。每半頁十行，行二十二字。偶有明嘉靖補葉。

南史八十卷

元刊元印本。黑口。每半頁十行，行二十二字。

南史

元大德丙午刊本。每半頁十行，行二十二字。

南史

元刊。十行，二十字。前有大德丙午序，有嘉靖補板。

北史一百卷

元刊本。每半頁十行，每行二十二字。間有明嘉靖補葉。每册首有「允中焦舜執珍藏圖書」印。

北史

元刊本。十行，二十二字。黑口。單框。雙魚尾。每卷後往往有校正人名字一行。

北史

元刊本。雙框。小黑口。三魚尾。十行，二十二字。下刻工，書口上有「信州路儒學刊」五字。

唐書

元刊本。白口。十行，二十二字。「内府圖書之記」（大朱方）、「柯氏敬仲」（朱方）。雙框，雙魚尾。

五代史七十四卷

宋歐陽修撰，徐無黨注。半頁十行，行十八字，間有數頁爲十七字、十六字。南宋本。白口，上字數，下刻工名。注行二十一字，亦有二十五字者。單框。每板上方有一行，作「梁本紀」、「唐列傳」等字。皮紙甚細，與明白皮紙同。初印，乃宋印也。

五代史

元刊本。黑口。每半頁十行，行二十二字。

五代史（存四十二卷）

元刊本。十行，二十二字，元印。有「季振宜」、「滄葦」二印。每卷首行題「五代史記卷第□」，次行「歐陽修撰」，三行「徐無黨注」。小黑口。魚尾上草書記字數，書口標目亦多草書，間有避宋諱字。稍有補板，板心較原書大。

宋史四百九十六卷

元至正六年浙江省刊本。黑口。每半頁十行，行二十[二]字。前半頁下記寫官姓名，後半頁下記刊工姓名。

宋史

元刊本。小黑口。雙魚尾。十行，二十二字。上字數，下刻工。

後漢紀

嘉靖本。十一行，行二十字。

資治通鑑

宋刊本。十三行，行二十四字。白口，雙魚尾，單框。書口下有刻工名。

入注附音司馬温公資治通鑑目録

前有「通鑑帝王授受圖」，上中下三圖；次爲五帝、夏、商、周、秦圖；次爲前漢、後漢、三國、晉、北朝、隋、唐、五代各譜系圖九幅；次爲《通鑑外紀》及《通鑑目録》；次爲甲子表。再次則《入注附音司馬温公資治通鑑綱目》。半頁十四行，每行字數夾大夾小，故不等。《通鑑外紀》、《通鑑目録》十三行，表九行。有「袁尚之印」（白方）、「健庵」（白朱楕圓）、「古愚」（白方）、「冰香樓」（朱楕圓）、「陸沆之印」（朱方）、「靖伯」（朱方）、「曾在陸樹蘭處」（朱長方）、「陸沆字冰篁」（白方）、「陸僎字樹蘭」（朱方）。後有「隆慶元年六月立秋日，汝郡袁氏清涼堂重整」。又「大清道光四年甲申十月，吴門陸沆得于百宋一廛黄蕘圃處，重裝一次，即誌」。書口有字數、刻工，乃宋末本。綫口。單框。雙魚尾。

資治通鑑目録三十卷

宋本。卷一第二行題上書全銜「臣司馬光奉勅編集」（「勅」字另抬），次爲序，後即列表。單框，白口，單魚尾。書口上有刻工姓。前三張爲配補，初印。有「天禄繼鑑」（白方）、「乾隆御覽之寶」（朱楕圓）、「季振宜字詵兮號滄葦」（朱方）、「乾學」（小朱方）、「徐健庵」（小白方）、「子孫保之」（小朱長方）、「天禄琳琅」（朱方）、「季振宜藏書」（朱長方）。

續資治通鑑長編一百八卷

舊抄本。有「别下齋藏書印」、「怡顔齋收藏書畫金石文字印記」。

通鑑綱目

宋刊大字本。單框。十一行，行十九字。上有字數，下記刻工。

九朝編年綱目備要

元本。每卷首行作「九朝編年綱目備要卷第□」，下注「凡幾年」；次行「壺山陳均編」；次行「某帝」每年甲子。白文。半頁十六行，行二十四字。書名、著者及某帝「綱」均跨行，「目」則注於「綱」下。

類元本。《綱目》刻亦精，單框，雙魚尾，三種同刻。

《九朝編年綱目備要》存一至十九、二十八至三十，缺二十至二十七。

《中興兩朝編年備要》存一至七、十二至十四，缺八至十一、十五至十八。

《□編兩朝綱目備要》存一至五，缺六至十四。

明晉府藏書，日本有刻本。

宋季三朝政要六卷

元皇慶壬子陳氏餘慶堂刊本。每半頁十三行，行二十二字。卷末有趙晉齋手跋云：

此余友袁君壽階五硯樓舊藏也。荷屋廉使云得於閩中，北遷後之不可知者。是書傳本極少，余得自文瀾閣，闕淳祐七年後五年事。注云：舊本遺佚。又魯魚之訛，多不可讀，此卷具載，因爲補出，又凡諸誤字悉爲校出。惜通介老人不及見之，可刻入叢書也。而是本可寶，不待贅言矣。然少玩忽則交臂失之，此以識耄年之幸。仁和趙魏。道光癸未。「趙魏／私印」（朱方印）、「晉齋」（朱方印）。

目録前有「五硯樓藏」、「粤人吴榮光印」、「無競居士張之洞審定舊槧精鈔書籍」。卷一首有「廷檮之印」、「袁氏又愷」。卷二末有「荷屋所得古刻善本」。卷六末有「五硯樓袁氏收藏金石圖書印」等印。

通鑑前編

宋刊本。單框，線口，無魚尾。十行，二十二字，書口上字數，下刻工。

通鑑續編二十四卷

元刊。元陳桱子經著。至正十八年三月甲子臨海陳基序，至正二十二年二月張紳序，至正十年六月四明陳桱自序，姜漸序。半頁九行，行二十一字至二十三字不等，注二十二字。線黑口，書口下方有刻工姓。

通鑑續編

元刊本。線口。單魚尾。單框。九行，二十二字。有「都省書畫之印」（朱方）。

通鑑續編二十四卷

元至正十八年刊本。黑口。每半頁九行，行二十二字。每册首有「吳郡趙頤光家史志」、「趙恪夫」二印。書口下間有「訓導錢汝塤校正」、「訓導錢紳」等字，間有刊工姓名。

新刊校正增補皇明資治通鑑

《前編》八卷，紀開國事，編年。《後編》□卷，由建文迄正統。前有嘉靖乙卯陳建序，次採據書目。每卷次行題「粵東逸史清瀾釣叟臣東莞陳建輯著」。

古史

元刊小字本。單框。雙魚尾。十四行，行二十四字，下有刻工名。白口。

東都事略一百三十卷

振鷺［堂］覆宋本，刻最精。目後有「眉山程舍人宅刊行，已申上司不許覆板」牌子二行。

東都事略

舊抄。拜經樓藏本。有「宋本」（朱橢圓）、「乙」（朱方）二印。後有槎客跋：

昔錢遵王有宋槧本《東都事略》，榮木樓屢求不與，足見宋本之難得。乾隆丁酉秋日，從貢院前書肆收此，蓋猶從宋刻影抄者。雖亥豕之譌未能盡免，然視翻雕本之妄改錯誤，則猶是中郎之虎賁也。因屬朱君允達爲校而藏之。臘月，兔牀記。

契丹國志

舊抄本。十二行，二十一字。汲古閣藏本，有「毛斧季印」、「璜川吴氏藏書」印。

大金國志四十卷

舊抄。錢竹汀、戈小蓮藏，竹汀有跋，小蓮有題識。前有「戈小蓮秘笈印」（長印）。

此書前載宇文懋昭表，題云「端平元年正月十五日上」。新城王尚書貽上謂是宋人僞造事。讀其詞，稱蒙古曰「大朝」、曰「大軍」、曰「天使」，而于宋事無所隱諱，蓋元初人所撰，其表文則後之好事者爲之，而託名于懋昭者也。錢遵王舉其直書康王出質，詳列北遷宗款，以爲無禮於其君，而譏端平君臣漫置不省。今考志所載，指斥之詞，尚有甚于此者，即其以「大金」爲名，而於宋不稱「大宋」，可决其非宋人所作矣。且端平元年正月十五日，乃金亡之後五日也，計此五日之間，孟珙告捷之奏尚未能至臨安，此書何由編次進御，豈非作僞心勞，不能自揜其罅漏之一證乎？其「京府州軍」一卷最精核，予嘗據以證《金地理志》之誤云。竹汀居士錢大昕記。

名山藏一百卷

明何喬遠撰。崇禎刊。崇禎十三年錢謙益序，李建（康）［泰］序，王邵序。細目如下：

（曲）［典］謨記　坤則記　開聖記　繼體記　分藩記　勳封記　天因記　天歐記　輿地記（未全）　典禮記（未刻）　樂舞記（未刻）　刑法記　河漕記　漕運記　錢法記　兵制記　馬政記　茶馬記　鹽法記　臣林記　臣林外記　關柝記　儒林記　文苑記　俘賢記　宦者記　列女記　臣林雜記　宦者雜記　高道記　本士記　本行記　蓺妙記　貨殖記　方技記　方外記　王享記

國語二十一卷

明覆宋刻。此書每卷首一行爲「國語上第一□□國語□韋氏解」。白口。半頁十行，行二十字。韋昭序後有「嘉靖戊子吳郡後學金李校刻于澤遠堂」小字一行。序大字，半頁七行，行十五字。宋諱字缺筆，觀其行式，爲覆宋刊無疑。案《國語》宋刻，除明道本外，有紹興九年刊本，其行款字數與此同（見《郘亭書目》）。知此爲覆紹興本，特紹興原本書口必有字數、刻工，金氏覆刻時削除之耳。黄蕘圃校明道本，謂自有宋庠補音本後，此間更無一異本。乃明道本外又有此本，亦可謂鳳毛麟角矣。黄氏于明道本致極尊崇，紹興跋在明道之後，然于補音本外獨樹一幟，試取明道、補音兩本互勘，必有異同，苦未暇耳。此本近代目録極罕見收藏，惟孫仲容有明覆宋刊，謂宋諱皆缺筆，惟「淳」字不缺，此本亦然，因定爲覆南宋初年刻本。見《半巖廬書目》。疑亦金李本也。丁巳冬得于海上，戊午七月理架書再檢之，因書其端，并記歲月。上虞羅振常。

國語

明覆宋刊。前有韋昭《國語解敍》，大字，半頁七行，十五字，敍末有小字「嘉靖戊子吴郡後學金李校刻〔于〕澤遠堂」一行。每卷第一行題「國語上第一□□國語□韋氏解」。半頁十行，二十字。白口。宋諱缺筆。卷末一行書題「國語中第二□□國語」。

明嘉靖中金陵金李刊本《國語》，雖見著録，然書極罕見，不知其精否。今觀此本，半頁十行，行二十字（謂之十行本，宋刻如此最多）。每卷首小題在上，大題在下，每卷末隔一行，書題亦如之，宋諱字又缺筆，無疑爲覆宋刻本。更觀其字書及大小字每行同爲二十，則所據原本非北宋而爲南宋，亦無疑也（宋板式之未具者僅少字數及刻工姓名，明人覆宋多刊除之）。案《國語》南宋本，見著録者有二，同爲十行二十字，一爲紹興十九年刊本（見《郘亭書目》），一爲孝宗時官刊本（見《皕宋樓書目》）。以「讓」之缺筆知之。此本「讓」字亦缺筆，則陸氏所藏宋刻即爲此刻底本，又無疑矣。《國語》自有宋庠補音本，他本皆廢。自士禮居覆刻北宋本出，世間始見别本，而明道本之佳處爲他本所難及，而舛誤不如别本之處亦甚多，蓋蕘圃嘗論之。此刻既出補音本之外，必可與明道本互有短長，可資校勘。陸氏所藏既歸海〔外〕，則此本作真宋刻觀之，亦無不可矣。

國語二十一卷

明郭子章等校刊，萬曆大字本，初印。吴枚庵以朱筆據宋本校，校處極多，蓋此本原不佳也。大約所據即士禮居刻之底本，曾略對過無差。第一卷後有枚庵跋，稱盧抱經學士以影抄北宋本《國語》見示，爰取家藏本校之。有「枚庵藏本」（朱方）、「吳翌鳳家藏文苑」（白文長方）諸記。吳跋：

戊戌九月朔日，武林盧抱經學士以影抄宋本《國語》寄示，蓋宋庠未有補音前本也。爰取家塾舊藏對度，一點一畫，不敢脱落，亦珍重古本之至矣。枚庵翌鳳。

鮑氏戰國策注十卷

嘉靖刊。十一行，行二十字。後序末有篆書「嘉靖戊子後學吳門龔雷校刊」一行。盛百二藏書圖記：「浙西秀水柚堂盛氏」（朱長方）、「柚堂」（白長方）、「春草齋」（白長方）、「秀水盛氏柚堂圖書」（朱長方）。

戰國策三十三卷

宋鮑彪注，元吳師道重校。元至正十五年平江路刊。每半頁十一行，行二十字。首有「廬江王〔氏〕圖書記」印。

辛巳泣蘄録

《愛日精廬藏書志》卷十一別史類載《辛巳泣蘄録》一卷，舊抄本，並載編者及校勘者題銜，與此本全同。張本全書雖不可見，然實不如此本之舊。張志並録曹彥約跋，其中「受禍最慘」句下，張本缺「或」字，此本不缺。又「却數萬之虜」，張本「虜」作「敵」（張本卷中「虜」字當均改作「敵」矣）。由此以觀張之抄本必在國朝定鼎以後，故改去觸忌之字，此本必録于其前，斷可知也。宣聖之諱，惟明時作「丘」，康熙以下，悉加邑作「邱」，此本均未改，足徵其爲明抄，即觀其楷法，亦爲明人手跡無疑也。丁巳仲夏十一日，上虞羅振常誌於蟫隱廬。

李侍郎北使録

明抄本。有「朱馬思贊印」（白方）、「㪚村子中安」（朱方）。後有吴兔牀朱筆題一行曰：「此錢遵王藏書，乾隆辛丑秋日吴騫記。」下有二小印，「兔」（白方）、「牀」（朱方）。

《李侍郎北使録》，明抄本。馬寒中、吴槎客舊藏。後有槎客識語，謂原是錢遵王藏書，然無錢氏印記。檢《也是園書目》，見卷四明史部記注時政類有《北使録》一卷，則槎客所記，殆不誣也。丙辰十一月晦前一日。

唐大詔令集

一百（一）［三］十卷。前有熙寧三年宋敏求序。明抄白皮紙，甚精。缺十四至二十四（原缺）、六十二至七十九、八十七至九十八（原缺）、一百十三至一百十七、一百二十五至一百三十，共五十二卷。「百宋一廛」（朱長方），「黄丕烈印」、「復翁」（並白方），「席鑑之印」（半白半朱方），「席氏玉照」（白方），「汪士鐘讀書」（朱長方）。

注陸宣公奏議十五卷

元刊本。半頁十二行，行二十三字。雙框，小黑口，雙魚尾。前有《經進唐陸宣公奏議表》，次爲蘇軾等《進讀奏議劄子》。目録每文上一、二、三、四等白文字。有「寧河王世家鄧氏珍藏」及「泰峯所藏善本」二記。有評點，眉頭有字，乃謝叠山評。

孝肅包公奏議集十卷

元刊本。大黑口。每半頁十行，行二十字。書首有「古潭州袁臥雪廬收藏」印。此爲《四庫全書》底本，但多所删改。書題原作《孝肅包公奏議》，改《包孝肅公奏議》。卷首孝肅門生張田題辭、國史本傳、林至《慶元重修孝肅包公墓記》、《孝肅包公遺事》（九條）及趙磻老書後，均削去不録。書中空格，猶存宋本之舊，蓋元仿宋本也。

宋丞相李忠定公奏議

明刊本。仿元刊，與慎獨齋本相同，板心、字體、墨色皆然。前有少保觀文殿大學士醴泉觀使中國公陳俊卿序（稱淳熙丙申，其子秀之裒集其文以示予，蓋表章奏劄至八十卷，詩文猶不與焉）；正德丙子莆［田］林俊序；同年福建監察御史山陰胡文靜跋（文靜幸游公之鄉，搜掇遺文，凡若干卷，即伐梓行之）。後有淳熙十年朱子序（亦稱八十卷）。第一卷題「邵武縣知縣泰和蕭泮繡梓」一行。

蘇文忠公奏議

宋大字本。單框，單魚尾。下有刻工。九行，十五字。

東坡奏議

宋刊本。單框，雙魚尾。十行，十六字。字數、刻工。

南宫疏略

明嚴嵩撰。前有嘉靖丁未仲冬嵩自序，泰和歐陽德序，嶺南黄佐序。天一閣藏書。

國朝諸臣奏議一百五十卷

宋刊本。每半頁十一行，行二十三字。有「汪士鐘字春霆號閬源書畫印」。單框，雙魚尾，上字數，下刻工。

安南奏議

明抄本。藍(緑)[格]皮紙。所録皆關于安南交涉事，後附《議撫安南事宜》一種，旁注「國朝典故九十三」，蓋轉録也。今歸大雲書庫。似天一閣物。

晏子春秋

覆元刊本。嘉慶丙子全椒吴氏校刊。前有吴鼒序，後有顧廣圻跋。半頁九行，十八字。綫口，上下魚尾，雙框。

純德彙編七卷續刻一卷

記東漢孝子董黯事。六十世孫華鈞重訂,《續刻》六十一世孫景沛增輯,嘉慶七年景沛校刊。刻本甚精。黯,仲舒孫也。

頌天臚筆二十四卷

崇禎己巳刊本。題東吴野臣金日升輯。前有崇禎己巳朱鷺序。前有總綱,録如下:

卷一至二　聖諭聖旨第一(聖諭二十八道,聖旨一百九十一道)

三至四　召對第二(崇禎元年戊辰六月至己巳正月共十通)

五至十　贈蔭第三(蒙難二十人、孝子一人)

十一至十二　簡卹第四(請告廢斥終者六人、死戍一人)

十三至十四　起用第五(建言削奪者三百六十人、忤璫閑住者四十五人)

十五至十六　啟事第六(詞臣四人、臺省十一人、部署十人)

十七　戮璫第七(天啟甲子十人、天啟丁卯六人)

十八　抑黨第八(天啟丁卯十人、崇禎戊辰十人)

十九至二十　訟冤第九(爲人訟者十人、爲己訟者十人、爲父訟者十五人)

廿一至廿四　附紀第十(瑞異二篇、義俠二篇、觸權二篇、雜事十篇)

次爲被禍諸人姓名計分十類

慘殺（十五人）　寃斬（一人）　死杖（二人）　自裁（三人）　遣戍（十四人）

城旦（四人）　削奪（一百八十九人）　禁錮（八人）　貶謫（九人）　閑住（五十一人）

請告（五人）　飛陷（七人）

目録後有《清時定案》一卷，本書記戮魏璫、昭恤被禍諸臣事。金自稱「臣東吴朽農」，蓋布衣也。

忠獻韓魏王家傳十卷忠獻韓魏王别録三卷忠獻韓魏王遺事一卷

明嘉靖刊本。《家傳》每卷首署「賜進士監察御史安陽張士隆重刊」一行，《别録》署「涇州觀察推官前主管大名府路機宜文字王巖叟」，《遺事》署「羣牧判官朝奉郎職方員外郎上騎都尉强至編次」，並有「張士隆重刊」一行。十一行，行十八字。

此書康熙間有一精刊本（似作「韓魏公家傳」不作「王」），當即覆刊明本。又皕宋樓藏明刊《韓忠獻王别録》一卷、宋刊《韓忠獻王遺事》一卷，其著者題銜均與此同，則此本又出自宋刻。惟《别録》既同爲明刻，此有三卷，彼衹一卷，不知何故，豈别一刻本耶？　戊午新正十九日。

前有《安陽集後序》一篇，蓋全集副録。然此本實見過二部，皆單《家傳》，意明刻全集板久佚，僅存此耳。

文丞相傳謝叠山傳陸君實傳

林佶書，有跋。咸豐乙卯張維屏跋。有「林佶私印」（白方）、「雲壑」（朱方）、「南山」（朱方）、

「白鹿洞長」（白方）、「維屏之印」（朱白）。丁卯小春黄晉所跋。北平翁方綱觀。「方綱」（白方）。乾隆三十四年商邱陳淮觀。三十一年梁國治跋。「梁國治印」（朱方）、「梁氏階平」（朱方）。陳澧跋。「陳澧之印」。

列女傳十六卷

明汪道昆輯，仇英繪圖。原爲明刊，後刊[板]歸知不足齋。前有乾隆四十四年汪庚序。每傳有汪□□曰，□□字缺，汪庚序謂「經人挖去」。白紙印，大字大册。

伊洛淵源録十四卷

正誼堂刊本。有「青浦王昶」（白方）、「琴田一字蘭泉」（朱方）、「經訓堂王氏之印」（朱方）三記。並有蘭泉題識如下：

按《宋史》載《伊洛淵源録》十三卷，不著撰人姓氏。此本較多一卷，豈《宋志》誤耶？抑「程氏無記述門人」其初未經編入，爲後人所增耶？然徽國本傳載所編者有《伊洛淵源録》，則爲徽國手訂無疑，《宋志》本草率，不免前後抵牾也。青浦王昶。

碩輔寶鑑四卷

明耿定向輯。嘉靖刊。嘉靖四十五年胡直序，嘉靖乙丑楚黄耿定向自序。其書輯歷代名相事蹟，録以論斷，始虞、夏、商、周，至唐、宋而止。天一閣藏書。

紹興十八年同年小録寶祐登科録各一卷

活字本。《寶祐録》後附文文山對策，并文天祥、謝枋得、陸秀夫傳。後有康熙甲子林佶跋，乾隆丁酉謝焄（即刻書者）跋三則，康熙乙丑葉封跋，黄晉良跋，雲間吴孝顯跋。據諸跋，此書乃據翁覃溪藏本付排，而以鮑以文、朱文藻手校本復校，又以汪鹿園刻本校名氏本貫。

四朝名臣言行録

宋刊小字袖珍本。小黑口，雙魚尾。十四行，十九字。頁後標目，雙框。

新刊名臣碑傳琬琰三集

上集二十七卷，中集五十五卷，下集二十五卷。明初覆宋本。前有紹熙甲寅自序、目録。

新刊名臣碑傳琬琰三集

半頁十五行，二十五字。單框，雙魚尾。前有紹熙甲寅不署名序（大字，半頁七行，十二字）。序後有俞曲園題識。「翰林院印」（朱方）、「楊鼎」（朱長方）、「重遠書樓」（朱長方）、「楊氏家藏」（朱方）。

乾隆三十八年浙江巡 撫送到孫仰曾家藏 琬琰集壹部 計書十六本

分三集。目録三卷，上集二十七卷，中集五十五卷，下集二十五卷，共一百〇七卷。

建文登科會試二録

明抄。四明范氏天一閣藏書也。范氏多藏明代科舉題名録，而尤以鄉試録爲夥。當其藏書散出時，予悉得寓目。見諸録皆刻本，此二録獨抄本。推原其故，蓋此録在明靖難後即爲禁書，不獨爲朝廷所禁，且録中諸臣亦自諱之。觀胡廣《登科録》中既改名「靖」，至後仕永樂又復名「廣」，可以知其心矣。既爲禁書，相率燬之，乃少傳本。後既弛禁，或僅有藏者，范氏得以假抄，故二録獨無刻本也。明人錫山俞憲于嘉靖中嘗輯《皇明進士登科考》，而各科中有缺略，不能銜接。或謂四明范氏藏録最多，盍就詢之。因輾轉乞假，果得補全，亦可見范司馬當日搜羅之勤矣。録中諸名人多爲文皇佐命，而方、練諸公亦翹然居首，忠佞兩途，當時或有升沉，然終難避後人指目。嗚呼，可不慎哉！范氏書有宋本，爲足捷者得，余無其力，不能與爭，所得者惟此二録及明抄《樂府羣玉》二種，則皆孤本。以予視之，過乎宋槧矣。乙卯季冬付裝，裝竟因書其後。時歲除前三日，上虞羅振常並識於海上寓居之終不忍齋。

進士題名碑録

國初刊本。題名碑見存橋門外者，元三碑，爲本朝吳祭酒苑于啟聖祠土中得者；明七十六碑，始永樂十八年李騏榜，訖崇禎十六年楊廷鑑榜，其缺者惟萬曆八年、崇禎十年兩碑耳。得《明貢舉志》于錢唐王孫芸家，遂增入洪武乙丑、戊辰、辛未、甲戌、丁丑，建文庚辰，永樂甲申、丙戌、甲辰，凡九科，蓋前録所無也。

以上乾隆丙寅宗室德沛序。（此書止乾隆乙未科）

國史列傳

舊抄殘本。卷五至一百十九卷止。每卷一册，中多殘缺，仍存七十卷。以《滿漢名臣傳》校之，内容既異，卷數亦不合。彼書《滿名臣》四十八卷、《漢名臣》三十二卷、《貳臣》十二卷、《逆臣》四卷。此書《滿傳》七十卷、《漢傳》至一百十九卷，已四十九卷，其後當尚有若干卷。叔兄所印《國史列傳》，亦與此不同。

象台首末五卷

舊抄本。嘉靖丙申念庵羅洪先序。寶祐丙辰嗣子知柔小引。每卷端題「嗣孫胡禄重編刻，桂陽州學學正順德簡欽校」。末有嘉靖十四年十一世孫桂陽［州］學訓導胡禄跋。有「古香樓」（朱圓）、「休寧汪季青家藏書籍」（朱方）二印。

《象台首末》五卷。舊抄本。寶祐丙辰嗣子知柔、嗣孫胡禄重編刻，桂陽州學學正順德簡欽校正。

右見《皕宋樓書目》卷二十七傳記類。此本爲汪氏古香樓舊藏，（據）［較］陸氏藏本多一嘉靖丙申羅念庵序，及嘉靖十四年十一世孫胡禄跋，餘悉與陸本同。陸藏本不著自何刻本迻録，然既有「嗣孫胡禄重編刊」云云，則與此本同出于嘉靖刻可知。意陸本原未嘗無羅序及胡禄之跋，特售者恐以傳自明本爲嫌，乃併去之，于是變而爲影寫宋刻。即不然，亦傳抄宋本。第其「嗣孫胡禄重編刊」一行在每卷之首，不能並書，于是編目者無從知其爲何代之人，統言之曰嗣子、嗣孫，而遂明、宋不分，且縮知柔至胡禄之十世而爲兩世，真不堪捧腹矣。蓋自書賈作僞之風熾，藏書家之受紿者多矣，古人之被誣者亦衆矣。安得盡如此本，得一完全之本，而一爲訂正之乎。

書果常見，雖宋本可不影。書不習見，雖明本亦當録。試觀《永樂大典》所載，《文淵閣書目》、《國史經籍志》中所列，今日無傳本者不知凡幾。傳録明本果爲嫌乎？余所見鮑以文、孔葓谷所録宋元人集部，往往有明人序跋，是誠得之，而惜乎作僞者不知此義也。嗚呼！

東林列傳二十四卷附熹宗原本本紀二卷

江陰陳鼎定九纂。康熙中虞山山壽堂刊本。

建寧人物傳

明郡人李默輯。嘉靖戊戌汪佃序。書題下有「建陽縣知縣李東光校刊」一行。嘉靖本。天一閣藏書。

吴中先賢傳略一卷

錢罄室手録。前有書名，挖去。所載皆吴中名人。起披裘公，意其原名如此也，迄席應珍，共若干人。有「文彦可」（朱方）、「沿州」（朱方）二印。後并録白太傅詩四首。

案李果《徐琮圃畫雲間往哲遺像跋》云「吾吳先賢像，爲錢叔寶手筆。功甫欲歸之文文肅公。有貲郎以厚利願交于功甫，功甫不可。文肅感其意，至質其家藏宋刊《史記》酬之，人爭賢功甫」云云。知罄室原有「吳中先賢像」，此則所輯之傳耳。當時像既歸文肅，則傳亦必同歸，徵之彦可印記而益信矣。罄室本遊待詔門下，至文肅、彦可已寶之若是，知罄室遺墨在當時即甚重矣。去年見罄室手録放翁《南唐書》，爲汲古閣舊藏，愛不能釋。顧彼爲迻録，此則輯著，兩較之此尤可寶。繪像已不可見，而此傳歷劫猶存，未始非鬼神呵護之靈矣。謹誌數語，以識眼福。上虞羅振常，時丁巳閏二月十九日夜四鼓。

都氏集義編一卷

明都穆輯。即《都氏清芬録》也。明抄本。前有李東陽序。陸時化藏書。

潘氏宗譜跋

明刻。《新安潘氏宗譜》四卷，修於嘉靖丁酉，萬曆壬戌復增修之。前有淳熙蔡元定序、王十朋序、朱熹序及洪武正統諸名人序，并歷代畫像，頗古。惟序跋中之「潘」字墨色，多與全頁不同，且字體亦異，筆或歪斜。初見之不甚可解，付裝時拆開，則其中襯紙多仍用原譜廢頁，凡「潘」字皆挖去，中有一頁去之未盡，乃「程」字也。乃知各板原皆《程氏宗譜》中所有，而潘氏襲取之，絶不避數典忘祖之譏，亦云異矣。明人好標榜，於此一事可見。時辛未十月，上虞羅振常觀並誌。

惟裔孫之跋非僞托。尚有十一孫名蕃序，姓亦挖去，殆亦程氏子孫也。

諸儒校正兩漢詳節

宋板。半頁十四行，行二十四字，注同。巾箱本。單框，綫口，雙魚尾。每頁後有耳，標其篇目。

右見《天禄琳琅書目續編》卷四「宋板史部」，此本即所著録之原書也。其各卷藏印均同，除原著藏印外，尚增内府藏書六璽：「五福五代堂寶」、「八徵耄念之寶」、「太上皇帝之寶」、「乾隆御覽之寶」、「天禄琳琅」、「天禄繼鑑」。惟前各家《漢書》目録實十五家非十四家，「平陽藏書印」乃朱文非白文，此編目者偶誤耳。庚子之亂，自内廷流出，爲潤州劉氏抱殘守缺齋所得。但祇《西漢》，所謂《東漢詳節》則又歸何處？東萊《十七史》皆有詳節，其合刻者不精，此則單刻本。所參校諸本，大半爲今所不見。刻印之精，實傳世宋本書中(初)[所]未見，誠至寶也。

十七史詳節

隆慶刊大字本。前有正德戊寅長汀李堅序，隆慶庚午上黨栗永禄堂重刻序。

漢雋十卷

元刊大字本。寬黑口，半頁九行，中字三十，大字一當小字二。有「養一」(白長方)、「李兆洛印」(白方)、「申耆」(白方)、「晉陵舒氏藏書」(朱方)。

通鑑總類

宋刊本。半頁十一行，二十三字。綫口，單框，單魚尾。

吴越春秋十卷

萬曆翻元本。每卷首題「吴越春秋吴太伯傳第一」，次目。後漢趙曄撰。前有徐天祐序，稱汴梁劉僎來治越，重刻于學，劉僎名克昌云云。目録後有牌子三行，曰「萬曆丙戌之秋武林馮念祖重梓于卧雲山房」。卷十後有款七行如下：

大德十年歲在丙午三月音註

越六月書成刊板十二月畢工

前文林郎國子監書庫官徐天祐音注

紹興路儒學學録留　聖

紹興路儒學學正陳昺伯

紹興路儒學教授梁　相

正議大夫紹興路總管提調學校官劉克昌

半頁八行，行十七字。軟體字，極精。

越絶書十五卷

明嘉靖刊大字本。九行，十六字。前有嘉靖二十四年田汝成序，後無名氏跋，嘉定庚辰丁黼跋，嘉定甲申任綱跋，正德己巳都穆跋。有陳荄庵朱筆校。

元大德間刊本，即《四庫》著録本，其中殘缺舛誤，亦屬不少。辛巳閏七月，因以大德本及《漢魏叢書》本、《古今逸史》本互校之，補正其缺譌。尚有未盡，惜不得宋本一校之也。荄庵識。

此嘉靖中田汝成校刊，後有正德己巳都穆跋，蓋覆刻吉水劉氏本也。此書陸氏、瞿氏均藏明本，而序跋皆與此不同，均較此少。惟張金吾藏者，《愛日精廬志》卷二「載記類」序跋均同，亦是田本。田本極少見，又得陳荄庵以大德本校之，彌可貴矣。荄庵，名其榮，嘉興人，予見其校本甚多，皆精審。戊午正月十八日。

南唐書十八卷

明錢罄室手抄本。前有集賢大學士奎章大學士光禄大夫知經筵事趙世延序。後有嘉靖二十九年庚戌六月十五日王穀祥跋，稱陸子虛家（刻）［藏］宋刻録一帙云云。後有嘉靖甲子三月初七日錢穀跋（錢氏叔寶），稱「傳録王本」。附《南唐書音釋》一卷。書計本紀三卷，列傳十五卷。

序　「開卷一樂」（朱方）、「毛晉私印」（朱方）、「汲古主人」（同上）、「毛扆之印」（朱方）、「斧季」（朱方）。

目録　「子子孫孫永寶用享」（白長方）、「彡徑主人」（白方）、「賣衣買書志亦迂，愛護不異隨侯珠，有假不返遭神誅，子孫鬻之何其愚」（木戳黑印，亞字邊，每句一行）。

卷一　「審定真本」（朱長方）、「虞山毛晉」（朱方）、「子晉書印」（朱方）、「汲古得修綆」（朱長方）、

「希世之珍」（朱方）。

卷二（後）　「毛晉之印」（朱方）、「毛氏子晉」（同上）、「毛扆之印」（朱方）、「斧季」（同上）。

以下每册首尾印章相同。

王跋後頁：「趙文敏公書卷末云：吾家業儒，辛勤置書。以遺子孫，其志何如？後人不讀，將至于鬻。遺其家聲，不如禽犢。苟歸他室，當念斯言。取非其有，無寧舍旃。」

余嘗閲宋馬令《南唐書》，未及見陸放翁書也。聞陸子虚家藏宋刻本，借而讀之。夏日課農田舍，攜之篋笥，因手録一帙，計百［五十］有六葉。昉五月十三日，迄六月十三日，間還家數日，置而不録，實二十日而告成。然余以始衰之歲，觸炎履畝，揮汗濡毫，形既仍勞，目亦時眩，或手隨意勸，或心以言馳，多致脱訛，難免塗竄，殊爲潦草，聊備覽觀云爾。嘉靖二十九年歲在庚戌夏六月十五日，王穀祥識於婁東别業適志軒。

陸放翁《南唐書》，本紀三卷，列傳十五卷，乃西室吏部王公手録本也。嘉靖甲子上元，大病初起，靜坐齋閤，屏謝人事，日無聊藉，遂借録一過。所恨目力昏眊，用意踈脱，塗抹太多，殊不成書。間閲馬令書，互有不同，抑不知胡恢所著又何如耳。他日覓得善本，併録置齋中，用借參校，亦快事也。二書人物損益、褒貶去取，史家自有法度，非穀所知，兹不敢贅云。録成謹記歲月于後，是歲三月初七日，錢穀於榮木軒中書。

南唐書三十卷

嘉靖本。《南唐書》平津館、皕宋樓均藏之。《孫氏書目》云，半頁十行，行二十字（《郘亭目》作二十二字，誤），即此本也。凡關乎宋代朝廷字皆空格提行，知原出宋本。因其刊刻精，故往往爲人抽去跋語，冒爲宋本。此書跋未去，極難得。姚咨跋所謂「家藏元刻」者，非元代刻本，即指所翻刻之原書。凡原書原板，前人多作「元」也。

南唐書三十卷

宋馬令撰。前有崇寧乙酉馬令序，又自序不著年月。萬曆軟體字精刊，十行，二十字。

唐餘紀傳十八卷

明陳霆纂。嘉靖二十三年霆自序，後有自跋。嘉靖刊本。

南詔野史二卷

舊抄。題「四川新都楊慎升庵編輯，清湖南武陵胡蔚羨門訂正」。分上下卷。前有嘉靖庚戌升庵自序，乾隆乙未蔚自序。凡升庵以後事，蔚皆爲補纂。其末篇「敍事」一目，蔚附「續記事」于後，補纂尤多，自嘉靖三十年迄於世祖。後附升庵《滇南月節詞》，蓋亦蔚所增也。此本與《四庫存目》著録之本頗有異同。《存目》本無升庵序，僅據題名，遂疑非升庵作，且謂亦與倪輅無與，全爲阮元聲所僞託。觀此本升庵序，則知升庵乃（龍）［攏］沐公雲樓之《古滇集》、倪輅之《野史》二種纂輯，實與元聲無與也。《存目》

又謂書中敘事下及萬曆十三年，遂益信非升庵作，此本則升庵所述止於嘉靖二十年。《存目》謂書始于「南詔星野」，此本則始于「南詔名稱」，「星野」則在其第三段。又謂其後半敘大蒙國以下迄於段明，此本則段明以後尚有段世。此類不一而足。至《存目》作一卷，此則二卷，猶其顯焉者矣。《提要》載姜午生跋（此本無跋），稱「阮元聲簡及斯記，惜其脱佚，欲更讎之，以付剞劂」云云。升庵著述極多，身後散佚不完，元聲或得其不足本更加增飾，致有萬曆十三年之舛失，蔚所得則其足本也。蔚亦嘗游滇，書中逐條多附案語，引伸考證，當必足據，洵爲升庵功臣。抄字工整，實出國初人筆，或即爲蔚之手稿。惟其敘事時，往［往］就原文蟬聯而下，全入自己口氣（有「前明」、「國朝」字樣），致原文、增補混淆不分，尚不脱明末人之陋習耳。

三輔黄圖六卷

元刊本，元印。十一行，二十一字。序八行，十七字，序後低一格。附題志如下：

右《三輔黄圖》，撫州州學刻也。是書載秦漢宫室苑囿甚備，顔師古《漢書》新注多取焉。然不載撰者名氏。《唐書·藝文志》有《三輔黄圖》一卷，列於「地理類」之首，亦不云何人作也。其間多用應劭《漢書集解》。劭，後漢建安時人。至魏人如淳注《漢書》，復引此圖以爲據。以此考之，得非漢魏間人所作耶？世無板刻，傳寫魯魚之謬，凡得數本以相參校，其或未可證據，疑以傳疑，不敢斷以臆説云。時紹興癸酉七月朔日，左迪功郎州學教授苗昌言題。

目録後有牌子兩行，曰「政和戊辰夏五月余氏勤有堂刊」。小黑口。每卷題「□□卷之□」，題皆低格。中行魚尾下記「三輔圖□」，下記頁數。

大元一統志

元刊本。大字。綫口，雙魚尾，雙框。上字數，下刻工。十行，二十字。

咸淳臨安志

宋刊本。大字。單框，單魚尾。十行，二十字。上字數，下刻工姓名。

宋東京考二十卷

嘉興石匏周城輯。引書皆注出處。乾隆戊午刊本，六有堂藏板。

齊乘六卷

嘉靖覆元本。元于欽撰。前至正五年蘇天爵序。白口，半頁八行，十五字。前有《釋音》一卷，題男潛述。書口下方有刻工、字數，凡關係元朝廷，字皆空格，後至正十一年男潛跋。

此書爲嘉靖刊，然關係元代朝廷之字，皆空字抬格，書口下有字數及刻工姓名，知爲覆刊元本。《郘亭知見書目》載有明嘉靖甲子四明杜思翻刻元至正本，當即是刻。《四庫》著録者爲天一閣藏書，當亦即是刻，蓋范氏所藏大率嘉靖刊本也。前有子潛《釋音》一卷，《提要》未之及，意繕寫時删除之矣。

金陵新志

宋刊本。大字。單框，雙魚尾。九行，十八字。字數、刻工。

御製盛京賦

舊抄本。三十二字體書，如金錯書、鳥跡書、刻符書、剪刀篆之類。宣紙大册，朱絲欄，有框線，無細欄。半頁五行，每行七字，旁注真楷亦五行，半頁共十行。每體各有滿漢二種文，漢文一册，滿文一册，滿文左行，漢文右行，合裝一套，黄綾面。共六十四册，三十六套，楠木箱八隻。内府物。

山東通志四十卷

明嘉靖刊本。嘉靖癸巳巡按山東監察御史(所)[新]安方遠宜序，山東布政使司右參政固安楊維聰序，山東布政使司左參政四明陳沂序。山東按察副使四明陸釴等纂。

貴州通志十二卷

前有嘉靖三十四年楊慎序。貴州宣慰使司儒學訓導張道編集。每卷目録下記□字號，用十二支。

湖州府志十六卷

嘉靖刊本。題「湖州府知府張鐸修」。前有劉麟序，後有自序及歸安縣學署教諭吳郡浦南金跋。

四明續志十二卷

宋刊本。序跋七行，十五字，正書十行，十八字。白口，大字，大板心。初印絶精。

襄陽郡志四卷

明景泰刊黑口本。國子監生襄陽張恒編集。半頁十二行，二十三字。有「陸時化印」（白方）、「渭南伯文房印」（朱方）、「陸時化字潤之」（朱方）、「擅壑逸民」（朱方）、「蕉鹿夢」（朱方）諸印。

地方志書每遇增修，卷帙必富于前，然人多貴舊志而不取新志者，蓋新志遇無識者秉筆，每任意改削。如坊巷之名，舊志載之，義本可通，至新志或從俗，音同字異，遂失其命名之義。即此一端，已可見地方文獻必舊志所載爲確也。明代志書略備如《千頃堂》、《天一閣》諸書目所列，今已十不存一，間有之亦嘉、萬中修輯，若明初之本更不可見。淵圃先生藏有明《景泰襄陽郡志》，書衹四卷，而綱要不遺，殆《武功》、《朝邑》之亞，視後之繁蕪無當者，相距遠（者）［矣］。案《千頃堂書目》載《襄陽府志》有四，獨無此本，黄氏著録多明人志書及千種，而《襄陽》四種皆萬曆本，此本竟未見，可知傳本之少，洵可珍也。此書爲太倉陸氏舊藏。陸氏（叢）［藏］書多佳本，然流傳絶少，《藏書紀事詩》曾載其藏書印五方，而此書中之數印則均未載，亦可據以補葉氏之缺也。時戊午正月二十五日，上虞羅振常觀于雉皋客邸并誌。

徽州府志十二卷

明弘治刊本。弘治十五年三山林瀚序，弘治壬戌汪舜民序（汪等撰）。《四庫》底本，有「翰林院印」。

具區志十六卷

舊抄本。吴縣翁澍撰。前有黄周星序，凡例稱「蔡景東集《太湖志》十卷，王文恪節取其十七，釐爲八卷，名《震澤篇》。今合二書參酌增損，而以明季本朝事類入，共成十六卷」。引用書目。

廬山記

日本刊足本。前有朝散郎充祕閣校理李常序，江西劉涣序，次廬山十八賢圖讚，次廬山記圖。卷端題「尚書屯田員外郎嘉禾陳舜俞令舉撰」一行。封面「洛下尾崎盈緗堂藏板」一行，末頁有「元禄丁丑歲季春上浣」及發售之店等數行。

《廬山記》，守山閣刊乃殘本，號稱三卷，實是二卷，析二爲三，以一篇爲一卷耳。日本有元禄刊五卷足本，德富氏文簣堂藏一本，與此三本而已，他少傳本。甲寅春以厚值得之平安書肆，驚喜欲狂，漫記册端。商遺羅振玉記。

華山志

明刊本。萬曆丙午金谿王民順序：「余行部咸陽，邑令王君家瑞爲余言，《華志》有古本，甚簡核，一士人家存之，顧歲久魚蛀不可讀。余取觀善之，公餘輒手自釐正，復以近年潼關使君張憲周氏校本互訂，及所增飾圖説，並置首編，命工雕棗。」李本寧序。嘉靖癸丑玉房山人謝少南序。大定癸卯十二月壬申泥陽劉大用器之序：「吾友王公子淵取舊藏《華山記》採輯而附益之，文七十餘篇，命工鏤版。」卷首題「蓮峰逸士王處一編」。不分卷，但分兩帙(書口邊碼各有一、二)。

嵩書二十二卷

前萬曆三十八年巡按河南監察御史曾用升序。萬曆精刊，棉紙印，甚精。署「登封縣知縣傅(樓)[梅]元鼎撰」。

茅山志

元刊小字本，或明初本。線口，單框。十三行，二十四字。

山志六卷

明抄本。不著撰者姓字。前有短序，署曰山翁，蓋國初王弘撰所作。弘撰，亭林嘗主其家，見顧氏年譜末卷。尾有「朱錕抄張穀校」一行，下有「穀」字印(朱方)。有「簡莊蓺文」(朱長方)、「張燕昌印」(朱方)、「石鼓亭」(朱方)、「海寧陳鱣觀」(朱長方)各印。抄字頗精。此書有刻本，凡二集，集各六卷。道光辛巳朝邑謝蘭佩取舊板重印，序中有「舊刻屢矣」之語，想非一板。

山水二經

明刻。《水經注》四十卷。前有嘉靖甲午春吳郡黃省曾序，每卷題「水經卷第□」，次行題「漢桑欽撰，後魏酈道元注」。半頁十二行，每行二十字。以趙注本校兩頁，所得如下：

卷一「崑崙墟在西北」注「三成爲崑崙墟」，「三」上趙衍「三」字。

「去嵩高五萬里」注「《穆天子傳》，天子自崑崙至于宗周萬里」，「萬」趙本作「乃」。

「其高萬一千里」注「《淮南子》稱，萬一千一百里一十四步二尺六寸」，「二尺」趙本作「三尺」。「河水」注「水流激浚」，「浚」趙作「峻」。又「九流分遊」，「遊」趙作「逝」。

《山海經》十八卷。前有郭璞序，次目録，下有字數及臣秀進書表。每卷題「□山經第□」，次行「郭氏傳」。

中吳紀聞六卷

汲古閣刊本。毛扆手校，曹炎過録毛校。有「許永傳家」（朱長方）、「稽瑞樓蓺圃老邱園」（白長方）、「平生一片心稽瑞樓飛雲閣」（朱橢圓）、「虞山埜客」（白方）、「家在言子闕里」（白長方）、「曹炎印」（白方）、「彬侯」（朱方）、「漁隱」（白方）諸記。粵雅堂刻此書，乃據何義門校本，與毛校全同，殆所取校之底本相同。亦有毛校有而何校無者，大率皆義有未安者。伍氏蓋取其長而去其短也。毛氏二跋録後：

世傳《中吳紀聞》，大約嘉靖以前刻本，其式雖古雅，而字句紕繆甚多。後有若墅堂本亦然。丁巳秋，先兄華伯没，檢其遺籍，得家刻樣本，方知先君子曾付剞劂，但未流通耳。遍搜其板，惜十缺其三。今年自春徂夏，鳩工重整，缺者補之，譌者正之，始復爲完書。中元前四日，訪崑山葉九來，以一册貽之。九來爲文莊公後人，文莊藏書甲天下，所傳《菉竹堂書目》者也。因訪其藏本，答云：此書尚屬文莊故物，目前未遑遽檢。時余將詣金陵，丁寧再三而别。秦淮返棹，復造九來申前請，則已檢得，并指示是正者一百三十餘處，且多補録一則。不覺狂喜叫絶，遂與借歸，窮一日夜之功，乃校畢焉。菉竹藏本係棉紙舊抄，行數、字數俱無定準，每卷首尾間一行連寫。開卷有文莊名字官銜三印，卷末一行云「洪武八年從盧公武假本録傳」。蓋是書賴（武）公［武］搜訪之力，表章至今，此從其借録者，焉得不善。余獨念先君藏書，自經分析，廿年之内，散爲雲烟。葉文莊子孫不啻數世，尚能守而弗失，健羡之餘，感慨係之矣。後之讀吾書者，亦將有感于斯焉。己未重陽前四日，毛扆識。

七月間予遊金陵，訪書於黄俞邰，攜一册贈之。次日俞邰造予曰：昨惠《紀聞》，序文有一訛字，應改。予問何字，俞邰曰：「文人行」應是「丈人行」。予曰：恐「行」下有脱耳。俞邰不以爲然。及歸，借菉竹堂本，「行」下果有「一」「士」字。因思昔年抄李燾《長編》，中載翰林之選甚難其人，有「詔書出人盡哂之」七字。馮竇伯語予：「畫」字應改「誥」字。予反覆詳玩，乃「詔書一出人盡哂之」傳寫之誤，合「書一」兩字爲「畫」耳。因知校書以缺疑爲第一要義，不可妄加塗乙。吾子孫其善佩之哉。汲古後人扆。

游名山一覽記十六卷

明吴興歸安山泉慎蒙增選。前有萬曆四年自序，稱「得同年友何賓巖所輯《名山記》一書，删削繁冗，復纂諸通志所未及者，以補記文之缺」云云。第二卷以後則作名山、巖洞、泉、古蹟。

廣輿圖二卷

明嘉靖刊大字本。元延祐間臨川朱思本本初撰，羅念庵補訂。前有朱思本序，羅念庵序（不書名），嘉靖辛酉浙布政使胡松序，刻書者同年餘姚徐九皋序，嘉靖丙寅山東巡撫霍冀序，同年巡撫山東監察御史韓君恩序。半頁十三行，行二十五字。白口，下方有字數、刻工姓名。

大唐六典三十卷

明覆宋刊。半頁十二行，行二十字。白口，上有字數，下有刻工名。宋諱不缺筆。卷末有紹興四年歲次甲寅七月戊申朔詹棫題識，後並有張希亮校正、詹棫題銜兩行。

唐六典三十卷

嘉靖刊本。前有正德乙亥王鏊序，末卷後有紹興四年七月詹棫跋，又有「嘉靖甲辰長至日浙江按察司校刊重刊」一行。半頁十一行，行二十字。翁同書藏書。

麟臺故事三卷

明抄。皮紙抄，甚古。前有紹興元年九月二十日進書表。標卷爲卷一上、卷二中、卷三下，每卷題「麟臺故事卷一上」，次行「紹興元年七月朝請郎秘書少監程俱記」。

「紅豆山房校藏善本」（白長方）、「秘本」（朱方）、「仲遵」（白長方）、「陳氏家藏」（白方）、「西畇草堂」（白方）、「中吳錢氏收藏印」（朱長方）、「戴氏芝農藏書畫印」（朱方）、「文登于氏小謨觴館藏本」（朱文長）、「仲遵收藏」（朱方）、「陳墫私印」、「仲遵」（並朱方）、「西畇草堂」（朱方）、「池水書庫收藏」（朱方）、「居易」（白方）、「仲遵考定」（白方）。後有「隆慶元年八月十日蘇州府前杜氏書舖收」，下有「錢穀」(朱方)、「叔寶」(白方)。有黄丕烈跋。

是書爲影宋舊抄,惜止三卷,蓋未全本也,然實世間希有之書,與聚珍本不同,其中命篇敘次多異。初,書賈攜來,手校一過,乃知其佳。旋因議價未諧,復攜去。後知歸於西畇草堂,遂倩余友胡葦洲轉假,影録一册,積想頓慰。還書之日,敬誌數語,以拜嘉惠。是書陳録云五卷,爲書十有二篇。今劄云三卷,就不全本影寫時,改「五」爲「三」也。於每卷填「上」、「中」、「下」字,欲泯不全之迹爲之耳。「隆慶」云云一行,的係叔寶手蹟,尤可寶貴。書之可珍者在真本,此種是已,毋以不全忽之。

嘉慶甲戌六月十有一日,復翁。丕烈

殿閣詞林記二十二卷

明嘉靖刊本。皮紙印。天一閣藏書(見《現存目》)。前有嘉靖乙巳自序。

通典

宋刊本。單框,雙魚尾,白口。半頁十五行,行二十六字、二十九字不等,注三十餘字。

新入諸儒議論杜氏通典詳節

元刊本。半頁十四行,二十三字。線口,上記字數,雙魚尾。

文獻通考

元刊本。單框,雙魚尾。書口下刻工。十三行,二十六字。

通考

前有至大戊申七月李謹思序。十三行，二十六字。小黑口。有「奉天靖難執誠宣力武臣特進榮禄大夫柱國駙馬都尉廣平侯袁容圖書印」（朱方）、「袁氏家藏子孫永保之」（朱方）。

唐律疏義

宋刊大字本。單框，雙魚尾，小黑口。九行，十八字。

故唐律疏義

《唐律疏義》行世者，有平津館覆元余勤有堂本。此本乃録元時龍興官本，有校勘人銜名一頁，爲孫本所無。《音義》另卷，不附每卷之後，亦與孫刻不同，故自可貴。

皇明制書

此書二十册，以「日月光天德，山河壯帝居，太平無以報，恭上萬年書」二十字編號。計書十四種：曰《大明令》，曰《大誥》，曰《諸司職掌》，曰《洪武禮制》，曰《禮儀定式》，曰《牧民標文》，曰《資世通制》，曰《學校格式》，曰《孝慈録》，曰《大明律》，曰《憲綱》，曰《稽古定制》，曰《大明官制》，曰《節行事例》。於有明一代典制具備。此爲萬曆七年保定巡撫張鹵刊於大名府官本，前有張鹵致大名府案驗並大名府校刊職官銜名。《澹生堂書目》載《皇明制書》二部，一九册十二卷、一六册十卷。九册本所列書目與此本校多三種、少七種，六册本則多二種、少七種。蓋此乃官本，薈萃刊本，各省所刊多寡不一也。《澹生堂書目》别有抄本《資世通訓》一卷、《大明官制》四册，可見此書明末流傳已少。此本種數最多，首尾完足，至可寶矣。卷端有「明善堂鑒書畫印記」，乃怡邸舊藏。光緒甲辰，得之南海孔氏。戊申正月下澣，上虞羅振玉題記。

慈雲樓藏書志（卷未定）

舊抄本，或即稿本。嘉慶中上海李嘉筠筍香編，序則題曰《李氏藏書志》。前有嘉慶二十五年龔自珍序，及乙酉仲春顧千里題。字有改處，殆即稿本也。

孫氏金陵忠愍侯祠堂書目四卷

原稿本。藍格抄。書口有「平津館」三字。其孫氏題銜，視刻本「山東督糧道」上多「署山東布政司」六字。書眉用朱墨筆加入之書不少，大抵皆洪頤煊筆，亦有孫氏自書者。每類後有附録，即刻本「外篇」之書。

右《孫氏祠堂書目》四卷，乃原稿本。定本分内、外篇，此書未分，但每卷已加「前編」字樣，知本欲分前、後編，後乃改爲内、外篇。而每類後低一格附録各書，即定本之「外編」也。書眉所加之書及改正之字不出鈔胥。數年，嘗得《平津館鑒藏書籍記》稿本，其格紙、抄字與書眉字蹟，與此全同。考孫淵如《鑒藏書籍記》，孫氏自序稱「屬洪明經頤煊編訂」，知書眉所批皆洪氏手筆。其間亦間有淵如手書，洪筆甚老，淵如則嫩也。書名比刻本多「金陵忠愍侯」五字，題銜多「署山東布政使」六字，其餘與定本異同尚須詳校。時丙寅季冬，上虞羅振常誌於蟫隱廬。

金薤琳琅二十卷補遺一卷

乾隆刻大字本。謝金圃藏書。有「謝墉印」（白方）、「東墅」（朱方）、「謝東墅藏書印」（大朱方）、「楓橋謝墉」（朱方微長）、「東墅審定」（白長方）、「東墅墉印」（朱方）、「聽鐘居士」（同上）。

重訂金石契五卷續一卷

原刊。分宫商角徵羽。宫爲卷首，登御製詩。各器題識，多附補遺。

蘇米齋蘭亭考八卷

道光乙丑淮寧張凱重刊本。後有凱跋。張叔未藏書，有叔未手書八分書題面，并有識語，録後：「此書初板嘉慶時廣東西湖街六雲齋刊刻，此則河南陳州張次柳凱重刊。道光二十六年丙午四月二十日，嘉興七十九歲老者張廷濟。」有「嘉興張廷濟叔未甫」（白方）、「清儀閣」（朱方）。

史通通釋

王述庵藏書。有「青浦王昶」（白方）、「琹德一字蘭泉」（朱方）、「青浦王昶字曰德甫」（白方）、「一字述庵別號蘭泉」（朱方）、「經訓堂王氏之印」（朱方）各印。又有扁方木記正書十行，每行七字，末二行各四字，文曰：「二萬卷，書可貴。一千通，金石備。購且藏，劇勞勩。願後人，勤講肄。敕文章，明義理。習典故，兼游蓺。時整齊，勿廢墜。如不材，敢賣棄。是非人，犬豕類。屏出族，加鞭箠。述庵傳誡。」

唐鑑

元刊本。前有范祖禹序二頁,《進書表》及《上太皇太后表》共三頁。次《唐代傳世圖》一頁、《歷代紀元圖》一頁。序表半頁八行,行十六字,注二十字。正書第一行「東萊先生音注唐鑑卷之□」。次行「范祖禹撰,臣祖謙注」,皆全銜。半頁十一行,行十九字,注二十四字。單框,雙魚尾,書口有字數。卷四末頁有「恩州鄃安刊」一行,字類宋而率,當是元翻宋板。魏徵之「徵」,多是挖補,亦有未挖仍作「證」者。蝶裝。有「晉府書畫之印」(朱文方)。

史義拾遺二卷

分上下,卷端題「元赤城令會稽鐵崖楊維楨撰,明黄州守巴蜀後學任轍校」。嘉靖刊。九行,十八字。前有弘治壬戌秋八月既望承德郎禮部儀制司主事平湖陸淞序,其中多史論。

聖宋遵堯録

舊抄本。七卷,别録一卷。宋羅從彦撰。藍格舊抄,格邊有「純齋趙氏隨意録」七字,書口下方有「半畝天居」四字。前有靖康丙午十月日延平羅從彦自序。藏印有「宣城李氏瞿(研)[硎]石室圖書印記」(朱長方)、「宛陵李之郇藏書印」(朱長方)、「江山劉履芬彦清父收得印」(朱方)、「彦侍藉讀」(朱方)。前有沈藴石題,録後:

予曩游宦吴門,獲交歸安姚覲元觀察,素稔彦侍藏書浩富,未遑索觀爲悵。客臘四日往訪,見案頭置此藍格抄本《聖宋遵堯録》。披閲之後，但覺紙潤墨香，秀雅古勁，展卷便有驚人處，能令人愛，不忍釋手。彦侍覯狀謂予云：古書日少，向藏者亦復散逸，講此道者實無其人。此書余乃得之江山劉氏，審其紙墨，絶非近代抄本，而卷中誤字，已經履芬硃筆改填，而尚未得盡，故予復以墨筆勘之。予擬懇讓，卒以彦侍所愛置之。今冬，彦侍以所儲書設肆于觀前街，榜其門曰「尊古堂」，予急往訪，見架上是書在也。奈定值奇昂，商之至再，竟以番佛三十四尊易之。攜歸披讀，不勝快慰。然是書世鮮傳本，乃僅有之秘籍，復經前賢手訂，亟當珍寶。爰書數語，告吾後人，毋以其爲稗史而忽視之。光緒丁丑秋八月五日，歸安沈蘊石謹記。

余子説史十卷東山談苑八卷四蓮華齋雜録八卷

舊抄本。均下邳余懷撰。《説史》皆史評，或評史法，或評史事，頗有創論。《東山談苑》則輯録古人之美行。其自序曰「余讀《二十一史》及稗官野乘，著有《古今精義抉録》一書，大約彈擊古人，鏡無遁照，而此編則專古人之長，理歸忠厚」云云。其記明人事實，當多可取，稱明皆曰「國朝」或「本朝」。有空格，則皆「胡」、「虜」字也。《四蓮華齋》則雜載小故實奇聞，無裨宏恉矣。

史斑

錢牧齋手抄本。由《三國志》迄《五代》、《十國》共十一史（《三國志》、《晉書》、《宋書》、《南齊書》、

《北齊書》、《梁書》、《陳書》、《隋書》、《唐書》、《五代史》、《十國》)。藍格。書口有「竹香居」三字。乃節抄諸史,用《綱目》之例而加以評點者。前有乾隆十二年曾孫婿趙基序,有「玉壺山人」(白方)、「壺史」(朱方)二印及趙氏數印。

善本書所見録卷三

上虞　羅振常子經撰

子部

孔子家語八卷

明正德刊。題(彬)[郴]陽何孟春注。正德二年丁卯何孟春子元序，正德辛巳見素林俊題辭。半頁十行，二十字。世行《家語》各本皆王肅注，何孟春注極少見。此本爲正德原刊，所謂正德辛巳張公瑞刊本也(見《郘亭書目》)。各家藏書目僅張金吾藏有正德本，可見傳本之少。惟張本尚有正德辛巳黄鞏序，此則無之。孟春自序及林見素題辭，(黄)[張]氏亦無之，蓋兩本互有脱佚也。此本字刻頗類元板，蓋(元)[明]代惟正德本多仿元，如慎獨齋刊各書均是，真精整可愛。

音點大字荀子句解二十卷

半頁十行，每行二十字。單框，雙魚尾，線口。巾箱本。工刻初印，頗精。前有景定改元蒲節前三日石廬龔士卨序。據其序中所言，乃《荀》、《楊》、《文中》、《老》、《莊》五子合刻，今僅存《荀子》也。上闌之上有音釋，字在某行，釋文即在其上。每頁陰面闌外有篇名（如「勸學」之類）。其形製決爲宋槧，但無字數、刻工耳。其注極繁，幾每句有之，非楊注。

有「履盦」（白方）、「釋氏靖□」（白方）、「曾釗之印」（白方）、「宋本」（橢圓）、「天然圖書樓收藏典籍記」（長方朱文分書）、「季寶珍藏」（朱長方）諸印。

《郘亭書目》載：元刊《纂圖互注六子》本，有龔序。此即宋刻原本，《纂圖互注》本由此出耳。序後有篇目，題「唐大理評事楊倞注」一行，「杭州石廬子龔士卨解釋」一行。其實于楊注加以推演，未用其原文也。

南宋龔士卨《荀子句解》二十卷，龔定盦中翰於琉璃廠購得之，余借觀焉。是書於《荀子》原文頗多删節，然其於今本不同者，□足資考證，蓋宋本之可貴如是。道光□年□月之二十七日高郵王念孫記，時年八十有五。

顔子五卷曾子一卷言子三卷

明抄本。《曾子》有古本，有後人纂輯本。所謂古本，即自《大戴禮記》中録出《言事》至《天員》十篇，别爲《曾子》。纂輯本者，則後人以古《曾子》全録《大戴》，此外曾子言行散見于他書者尚多，故爲增補。是《曾子》雖有前後兩本，而出于纂輯則一。以詳略論，則舊本固不如增補本之詳也。阮文達作《曾子注釋考》，古《曾子》校注者有九本，而皆亡佚，因取《大戴記》十篇注之，以還古本之舊。纂輯本，阮氏考亦有九家。此九家中見之近代著録者，有宋汪晫本二卷（《四庫》著録），宋曾鳴格本、明曾承業本二卷（以上二家見《傳是樓書目》，曾承業本又見《四庫存目》）。此三本近藏書家無之，所有者祇元徐達左所編《傳道四子》本，亦二卷（見《皕宋樓藏書志》及《藝風堂》），而陸氏元刊已歸海外，今所存者祇藝風堂一抄本而已。此本爲宋何汝騰編，見焦竑《國史經籍志》。澹園與四明同時，蓋其時祕閣中尚有，其後則亡。觀著者題銜，知原爲宋本，是可寶矣。

此書採輯各書，即題曰「某書某篇幾章」，甚爲得體，可爲輯書法則。視他之私立篇名，割裂章句，不可同年語矣。

《顔子》五卷，元李純仁編。《顔子》古無專書，其纂輯蓋自純仁始也。此書著録見《萬卷堂書目》及《國史經籍志》，此後無藏之者。朱氏藏書已入洪濤巨浸中，存此孤本，不絶如線，四明之功偉矣。《顔子》別有元徐達左本，見《皕宋樓藏書志》。徐序稱國初李純仁亦編《顔子》，而未舉其要，知徐輯在此本之後。徐氏雖詆李氏，然《傳道四子書》乃有《孟子》，似可知徐本其書只一卷。又《也是園書目》亦有《顔子》，列入僞書，與《於陵子》同著録，必不能逮此也，蓋是別本，非此書。

《萬卷堂目》亦有《顔子》五卷，《曾子》二卷，當即是本。

《言子》內外篇二卷，附録一卷，宋王鑰編。僅見焦弱侯《國史經籍志》，他書概未見著録，此孤本也。

近人輯亦有《言子》，乃裔孫某輯（約嘉道中刻本），前年見之淮安，惜篋中無此，不能取與此本一勘耳。

鈔本《顏子》五卷，《曾子》一卷，《言子》三卷，皆宋元人纂輯，潤州蔣氏藏書。《曾子》首頁有識語曰：「萬曆二十五年八月一貫題。」蓋沈肩吾手録本也。按肩吾先忤張江陵，不得遷，至江陵卒，乃以南（宋）［京］禮部尚書兼東閣大學士參預機務，時爲萬曆二十二年，至三十四年罷相。録此書時已躋相位，故得窺中秘之書。又其時雖預機務，而未全秉國鈞，故尚有臨池之暇也。此三子焦弱侯《國史經籍志》均著録，惟《曾子》作二卷（《萬卷堂》亦作二卷），此本則不分卷，其餘著者卷數均同。觀其款式，實自宋元刊本迻録。刊本久佚，存此鈔本，至可珍貴。矧爲沈四明遺墨，籤題衣識，古雅絶倫，謂非珍秘之籍得乎？戊午春日得之潤州，是年六月一日裝竟，並識於海上寓居之終不忍齋，上虞羅振常。

説苑

姚覲元校本。拜經樓藏。咸淳乙丑九月重刊本。半頁九行，行十八字。

此書今在海寧查司馬處。光緒甲申十月，同鄉書賈郁志寶持來求售，索值番銀一百二十餅，許以五十餅，不售。已而僕人崔福復持以來，崔亦海昌人也。增至六十餅，猶不售。欲照校一過，徧索書肆無舊本，乃校于此本之上，并影寫其前後跋語，及每卷之首尾各一卷而還之。歸安姚覲元記。

「咫進齋」（朱長方）、「覲元之印」（朱方）、「姚氏彦侍」（朱方）。

纂圖互注揚子法言十卷

元刊。十一行，大二十一字，小二十五字。前有景祐三年二月宋咸序。序後有牌子六行：「今得監本《四子纂圖互注》，附入重言重意，精加校正，□無訛謬，謄作大字刊行，務令學者得以參考，互相發明，誠爲益之大也。建安□□□謹啟。」次爲景祐四年宋咸《進重廣注揚子法言表》，次爲司馬温公《注揚子序》（元豐四年）。序後爲目次，爲「渾儀圖」，次爲「五聲十二律圖」。每卷「纂圖互注揚子法言卷第□」，次行題「晉李軌、唐柳宗元注」，三行題「聖宋宋咸、吳秘、司馬光重添注」（注中分「咸曰」、「光曰」等）。有燕園收藏印。

纂圖互注揚子法言十卷

元刊元印本。十一行，行二十一字。黑口。首有「吳翌鳳家藏文苑」、「秋村」，卷一首頁有「長洲尤氏太史藏書」，卷末有「枚庵流覽所及」諸印。

申鑒五卷

明吳郡黄省曾注。嘉靖原刊。九行，十七字。綫口，雙魚尾。書口下方有「文始堂」三字，下更有寫字人姓名。焦里堂朱墨批校，末卷有嘉慶庚午冬十二月十一日雕菰樓主人焦循題記。

朱子語類

十四行，二十四字。每段次行以下低一格。白口，雙魚尾，書口上方有字數。每卷作「朱子語類卷第□」。計□□板，似元覆宋刊。

黄氏日抄

元刊本。單框。十行，二十字。下有刻工，内邊標題。

新編音點性理羣書句解

目録列名二行：「考亭門人通直郎知福州閩清縣事賜緋魚袋臣熊節集編，覺軒門人掌御史賜建安書院朱文公諸賢從祀祠熊剛大集解。」

二十二卷。十三行，二十四字。雙框，小黑口，雙魚尾。「錢穀之印」（白方）、「叔寶」（朱方）、「虞山錢曾遵王藏書」（朱長方），有「翰林院印」。

性學編一卷

明許誥撰。前有正德己卯函谷居士桃林許誥自序。嘉靖刊。有「休寧汪季青家藏書籍」（朱方）、「古香樓」（朱圓）二印。

三儒類要五卷

明徐用檢編次。前有萬曆己卯王錫爵序，後有萬曆戊寅東浙徐用檢跋。萬曆精刊本。莫友芝舊藏。三儒者，薛敬軒、陳白沙、王陽明也。

孫子一卷

錢磬室手抄。有「謝林邨氏珍藏書畫」(朱長方)、「沿洲」(朱方)。

古源山人日録十卷

嘉靖刊本。男敬之、侄謙然校刊本。前嘉靖丙午(二十五年)柯相序,嘉靖十九年侯緘序,嘉靖戊戌宗邦輔序。後門人孫滋跋,男敬之跋,嘉靖戊戌門人汪九思跋。

此本與《千頃堂》著録本不同。所云《省己録》在卷一,《知》、《行》二論則在卷六、卷七。前亦有宗邦輔二論序,作于嘉靖戊戌。柯相序則作於嘉靖丙午(二十五年),則二論之刻,距《日録》之刻已九年。蓋黄氏所據乃其初刻,此則重編之定稿也。書傳本罕見,講陽明學者不可不一讀。

韓非子二十卷

顧澗蘋手校。趙用賢刻本。有跋二則:

文毅此書從宋本校刻,舊板缺者,此皆有之,可謂善本。故馮巳蒼校《韓子》,並用趙本。癸酉四月校畢書此。松崖。

《韓子》譌舛殊甚,宋本弗得一見。孱守老人曾用以校第三一卷,是當時已無全豹矣。又用葉林宗《道藏》本、秦季公校本及趙此刻校張鼎文本,而惠松崖先生復用此刻校臨。今兩本皆爲周薌巖收藏。丁巳夏六月,借録一過,用松崖先生本爲主,評閲語悉著之。惟張本雖缺《和氏》、《姦劫》、

《説林》、《六微》等處，而字句頗多長於此刻者。松崖先生略而未及，今一一補入。《道藏》本宜善，而校出者亦未詳盡。秦本最劣，不足用。讀者詳焉。澗蘋顧廣圻記於士禮居。

韓非子二十卷

明萬曆精刊本。大字。十行，行二十字。

耕織圖

乾隆刊袖珍本。甚精細。耕圖、織圖各二十三幅，似即就康乾圖縮摹。御題計聖祖七言詩四十六首，世宗五言詩四十六首，今上七言詩四十六首。每圖後三詩並列，但高宗低一格。圖末頁框外有「議敘從三品刑部安徽司郎中臣黄履昊敬刊於廬江義學」一行。

重廣補注黄帝内經素問二十四卷

嘉靖翻宋本。十行，二十字。潘蔚評點，有跋：

《内經》之學，至漢而分，倉公氏以診勝，仲景氏以方勝，華陀氏以針灸雜法勝，雖皆不離乎《内經》，而師承各别。晉唐以後，支派愈分，徒講乎醫之術，而不講乎醫之道，惟《難經》悉本《内經》之語，能敷暢其義，獨得聖學之傳。徐靈胎有《難經》之釋，宜讀。

凡業醫必先識病，尤當先明臓腑。嘗讀古哲臓腑論及所繪之圖，往往前後歧異，間有自相矛盾之處，隨筆摘記，以備與諸名家詳審考訂，俾得(忠)[衷]于一是。心岸識。

昔王仲光造金華戴原禮，諮學醫之道。原禮曰：「熟讀《素問》耳。」仲光退而習之三年。原禮復來吳，聞仲光論，大駭，自以爲不如。以是知學醫而不通《素問》，不可以爲醫。余習此數十年，凡治無不效者，皆熟讀《素問》之驗，特記之。癸巳立冬後重理一通。

素問六氣玄珠秘語十七卷

明抄本。題「唐啟玄子王冰述」。藍格棉紙，書口上方刻有「千山草堂」篆書四字，「安樂堂藏書記」（朱長方）、「明善堂藏書記」（白長方）、「教經堂」（朱橢圓）、「教經堂錢氏章」（朱方）、「犀盦藏本」（白方）。

素問入式運氣論奥三卷

卷分上中下。前有元符己卯歲丁丑月望日自序，不著名（駢體）。半頁十四行，行二十四字。白口，雙魚尾。有圖。

聖濟總録

宋刊本。大字。雙框，線口。字數、刻工。八行，十七字。

聖濟總録

元刊本。半頁八行，行十七字。雙框，無魚尾。書口上有字數，下刻工名。

經史證類大觀本草三十卷

元刊本。十二行，行二十字，小二十四字。小黑口。有「弘齋世藏圖籍」（長方朱印，雙框）。

類編朱氏集驗醫方十五卷

宋咸淳元年刊本。每半頁十二行，行二十二字。卷末有孫淵如朱書一行云：「辛未年正月，何夢華代購。白銀三十兩。二月二十六日閱一過。」（「星衍私印」）書衣有「妙賞樓藏書」木記，又有「高氏鑒定宋刻板書」、「澹寧子」、「星衍私印」、「伯淵」、「宋元秘笈」、「夢華館藏書印」、「郭外山」、「古閩鄭叔易氏收藏印」、「頤煊審定」、「石谿嚴氏芳椒堂」、「閩中陳開仲芸榭藏書」。序首有「武林高瑞南家藏書畫印」、「何元錫印」、「何氏敬祉」、「五松書屋」、「石谿嚴氏芳椒堂藏書」、「香修」、「鄭居仁字叔易」。目首有「周雪客家藏書」、「女媧氏博浪石外山」。目尾有「修」、「張氏香修」、「秋月之印」。卷一首有「元照之印」、「嚴氏九能」、「張氏秋月字香修一字幼憐」、「余獨好修以爲常」，卷末末頁有「鄭居仁章」諸印。

醫學啟源

明刻。上中下三卷。舊山樓趙氏藏書。前有蘭泉老人張□□序：「先生張元素（著者）字潔古，易水人也。」序中述其爲河間（守）［人］劉守真治病事，則爲金時人也。半頁十行，二十一字。後有「歲次壬辰孟秋吉旦安正堂刊行」直行牌子。

「趙氏秘笈」（朱長）、「趙不騫印」（白方）、「鐵如意齋」（朱方）、「舊山樓劫餘」（朱方）、「趙次公印」（白方）、「海虞趙宗（健）［建］所得金石書畫之印」（朱方）、「下榻山樓」（朱方）、「趙」（朱方）、「非昔珍秘」（朱方）、「趙宗建印」（朱方）、「趙不騫印」（朱方）、「趙士權印」（小白方）、「伯興」（小朱方）。雙框，雙魚尾，白口。籤題金刻，實明正（實）〔德〕本，與慎獨〔齋〕本全同。

危氏世醫（事）〔得〕效方二十卷

元刊。後至元四年承事郎同知永新州事王充耘與耕序，仍至元三年嘉禾達齋危亦林序（自序），至正三年建寧路官醫陳志序。次至元三年十一月申文。目録前題銜三行：「建寧路官醫提領陳志刊行，南豐州醫學教授危亦林編集，江西等處官醫副提舉余賜山校正。」半頁十一行，行二十二字。雙框，雙魚尾。

新刊袖珍方四卷

元板。袖珍本。半頁十六行，行二十六字。雙框，黑口，上下魚尾。藥方名陰文。

袖珍方四卷

明洪武本。前補抄洪武二十四年序。每卷前有目録。每卷書名跨行作「袖珍方卷之□」，下有白文「文」、「行」、「忠」、「信」等字，蓋以此四字爲四卷之次第也。巾箱本。每半頁長裁尺三寸八分弱，闊二寸八分弱。半頁十六行，行二十六字。小黑口，雙魚尾，雙框。每湯丸膏散之名皆白文。板式字跡全與元本相同，密行細字。每卷一百三十頁左右。四卷末頁有黄蕘圃題字一行曰「元槧佳本」。「平江黄氏士禮居藏書善本」（朱長方小印）、「得者須愛護」（朱方）、「蕘圃」（朱橢圓）、「丕烈」（白長方）、「杜瓊」（白方）、「蓉鏡」（小白方）、「芙川鑒賞」（小朱方）、「李宗瀚印」（白方）、「春湖」（朱方）、「在處有神物護持」（朱方）、「陳延恩觀」（朱方）、「嵇璜曾觀」（白方）、「芙川」（極小白方）、「秋穀」（朱方）、「曾藏張蓉鏡家」（朱方）、「秘殿紬書」（朱方）、「張氏圖籍」（朱方）、「笑讀古人書」（朱方）、「袠曰修審定」（白方）、「蓉鏡珍藏」（朱方）、「芙川鑒定」（小朱方）、「張蓉鏡印」（白方）、「梧屋」（朱方）、「張蓉鏡」（朱白各半方）、「芙川氏」（同上）、「虞山張蓉鏡藏」（朱長方）、「張」（小白圓）、「蓉鏡」（小白朱各半）、「虞山張氏」（大白方）、「芙川張蓉鏡心賞」（大白長方）。

袖珍方四卷

明正德本。江南圖書館丁氏書。前有洪武二十四年八月望日序，不著撰人。序前題曰「魁本青囊雜纂袖珍方大全」。序大字跨行。序後有牌子二行曰「正德丁卯仲春吉旦清江書堂校正新槧」，卷四末頁又有牌子二行曰「皇明正德丁卯年春楊氏□□書堂重刊」。每卷題曰「魁本袖珍方大全」，或作「新刊袖珍方大全」。半頁十七行，每行三十字。小黑口，雙框，雙魚尾，大板心。有「八千卷樓藏書記」（朱方）。目録前有圖畫醫學故事，如黃帝、岐伯之類。

己任篇八卷

前有楊乘六雲峰氏序。每卷題「□□某某先生著，潛印楊乘六僭評，輔仁社諸子共校」。楊序稱「四明高鼓峰先生遺著彙編付梓」云云。

四明心法三卷（卷一至卷三）　高鼓峰

四明醫案一卷（卷四）

東莊醫案一卷（卷五）　無著者名。後有「同懷弟鹿鳴」跋。書口注「吕案」，當是吕氏。批有「晚村」字，必吕留良。

西塘感症三卷（卷六至卷八）　後有「同懷弟蜚鳴」跋。此楊乘六之弟也，前同。

此書拜經樓舊藏，兔牀題識、評點甚多。又有松齡閩本題識。有「吴氏學醫概不受謝」（正書木戳）、「兔牀鑑定」（朱方）、「松齡之印」（同上）、「東皋草堂」（白方）、「千元十駕人家」（白長方）諸印。

算法全能集

元刊本。分上下兩卷。目録書名下題「長沙賈（言）［亨］季通類編」。半頁十行，行二十字。小黑口，雙魚尾。標目皆陰文。大板心，大字，板稍狹長。厚皮紙初印，蝴蝶裝，乃内閣大庫之書也。上卷二十一頁，下卷三十七頁，目録一頁。書口下有刻工姓名。

太玄經

宋刊本。單框，單魚尾。十行，十七字。下有刻工，白口。

太玄經十卷

明覆宋刊。前有陸績《述玄》五頁。每卷第一行作「太玄經卷第□」，次行題「晉范望字叔明解贊」。卷十後有識語六行，不著姓名。次有揚雄《草玄圖》，有萬玉堂識語，附《説玄》五篇。題「唐宰相王涯字廣津纂」。《説玄》後「右迪功郎充兩浙東路提舉茶鹽司幹辦公事張寔校勘」一行（卷五後亦有此一行）。

末有《太玄經釋文》一卷。半頁八行，十七字，注同。嘉靖大字本，書口下方有「萬玉堂」三字。何義門朱筆校，後有跋。篇中宋諱缺筆。藏印有「臣恩復」（白文方印）、「秦伯敦甫」（白方）、「豪上」（朱長方）、「臣植」（白方）、「培之」（白方）、「戴芝農藏書畫印」（朱方）、「戴芝農收藏書畫印」（朱長方）、「石硯齋秦氏印」（朱長方）。何跋：

康熙□□□錢求赤所傳馮嗣宗校嘉靖甲申江都梁子高刊本，因取此本對校，則郝□□□□得有宋善，其中脱誤甚多，當是麻沙坊刻。此萬玉堂本，誤處最少。前朝□□當爲第一，見則必當收之爲副本也。四月晦日燈下焯記。（案：據此則此本非郝氏覆宋刻也。）校語恒有「□，郝本作□」云云。

元包經傳五卷元包數總義二卷

宋刊蜀大字本。半頁八行，行十六字。單框。白口，雙魚尾，白口口上有字數，下刻工名。《元包》前有政和元年楊楫序，低一格紹興三十一年張洸跋。每卷書名後有「後周衛元嵩述，唐秘書少監武功蘇源明傳，唐國子監四門助教趙郡李江注并序」三行。黄皮紙印，多莖，無簾紋。《元包數總義》則題「蜀臨邛張行成述」。藏印有「王思任印」（白方）、「白陽山人」（半陰陽太極圖式）、「潛庵」（朱方）、「徐方）、「乾學之印」（白方）、「健庵」（白方）、「唯吾子孫永保之」（朱圓）、「崑山徐氏乾學健庵藏書」（白方）。初印，闊大完整，無一缺字。此書有明翻，藏書家多有之。原本僅汲古閣有之，後歸内府，見《天禄書目》。《傳是樓宋元本書目》中無此書，而《培林堂書目》中有之，蓋健庵得此，旋畀其弟也。

宋大字本。半頁八行，行十六字。單框。雙魚尾。書口上有字數，下有刻工。前政和元年楊楫序，紹興三十一年張洸跋。板高裁尺七寸二分，半頁闊五寸一分。有「乾學之印」（白方）、「健庵」（白方）、「徐」（朱方）、「崑山徐氏乾學健庵藏書」（白方）、「唯吾子孫永保之」（朱圓）。

此書南宋刻本。避諱至「慎」字止，「玄」作「元」，「恒」作「常」，「霆」避順祖名作「霳」。明刻源出於此，行款亦同。但楊楫序「莅官之三日」，明本譌「官」爲「宫」。張洸跋「得同年張公文饒所爲數義」，明本譌「數」爲「疏」。他如「彑」即「互」字，明本誤改爲「妄」。「罰」與「剛」同，見李江注，而明本改正文「罰」爲「剛」。凡此皆足以證明本之譌者。海寧陳乃乾。

唐開元占經一百二十卷

舊抄本。唐瞿曇悉達撰。王宗炎校本。有「王宗炎所見書」（朱方）、「小學［樓］」（朱方）二印。校正者朱批于眉，缺卷甚多。

葬書釋注

分内篇、外篇、雜篇，不分卷。每卷題「劉江東家藏善本葬書，草廬先生吴文正公澂删定，後學金華玄默生鄭謐注釋」。前有張齊序，洪武四年金華胡翰序，同郡友生宋濂序。目後有臨川山人吴澂識語七行。後有洪武三年秋八月鄭謐自跋，洪武甲寅同里友生金信跋，臨川道人題《玄默子歌》，洪武四年蘭谿吴沈序，六年同邑葉儀跋、金華童冀跋，洪武甲寅同郡徐原跋。洪武刊。小字，黑口，上下魚尾。半頁十二行，二十一字。雙框。有「武功伯裔」（白長方）、「東海」（白長方水印）、「汪士鐘印」（白方）、「閬源甫」（朱方）、「平陽汪氏藏書印」（朱長方）、「憲奎」（白方）、「秋浦」（朱方）、「有竹居」（朱方）。後有乙丑八月蕘翁跋。封面亦蕘翁題字，有「嘉慶乙丑秋收於經義齋」一行。

易林

宋本。此書半頁八行，行十五字。黑口，雙框，雙魚尾。

艮

西戎獯鬻病於我國扶陝之岐以保乾德

獯鬻，狄人名，周太王避狄人之難，遷於岐山之下居焉。

漸

……

……

（無注）

新印六壬總要四十八卷（缺甲集三卷）

分甲乙丙丁等十集。每卷題「堯都靜軒子郇彥清訂集」。藍格，明抄。有「晉安徐興公家藏書」、「謝在杭藏書印」二朱記。後有長方正楷木記，文曰：「義谿方伯陳公暹，精于讖緯抄奇篇。厥後散佚如雲烟，末學徐㘐收得焉。重加裝飾師前賢，是爲崇禎甲戌年。」又有康熙辛卯周道暹跋。爲福跋並題識云：「我生也晚遠道暹，戊子牌按獲奇篇。首卷殘缺付雲烟，十全難得有九焉。名曰爲福希前賢，時當同治乙丑年。」

三曆撮要一卷

不著撰人。影宋格寫。十行，十九字。書口上有字數。「張承焕印」（白方）、「伯子」（朱方）。

書苑精華二十卷

明抄本。題「錢唐陳思纂次」。藍格，皮紙。十行，十七字。宋諱間缺筆。有「何印蘇之珍藏」（朱方）、「畢氏珍藏」（朱長方）、「昭文張氏珍藏」（朱方）。張氏僞作也。

衍極二卷

舊抄。元鄭杓撰。傳録《四庫》本，前有提要。翁覃溪朱墨評校本，封面有覃溪書八分「衍極」二字，並記書中要語二行。江建霞藏書，有「師許乙酉歲暮檢書記」（朱長）。有潘志萬、葉昌熾跋語。

此書下卷《天五篇》注中論「《蘭亭》多用篆法」。覃溪朱筆批云：「妙哉，今日始聞此語，東坡所謂他日徒參雪竇禪者也」云云。案，《褚河南臨蘭亭墨迹》後覃溪跋，亦引劉有定《衍極》注「《蘭亭》多用篆法」各語，可與此批互證，覃溪之服膺此説也。此批附記年月，爲己亥三月十二日，《蘭亭》跋則作于嘉慶九年甲子八月十日。考先生生于雍正十一年，卒于嘉慶二十三年，壽八十六。己亥爲乾隆三十四年，先生年三十七，甲子則已七十二，相距三十餘年，前後所書，印證若一，可見古人讀書經心之專且久矣。乙巳九月十二日，上虞羅振常觀于蟫隱廬並識。

此書似自《四庫》本迻録，陸氏刻本則分五卷，而末附之「記事」三通，只有其二，而「恂頓首」之一通付之缺如。陸氏刊此書時文瀾閣有副本，不容不校，何以不如此本之完。又覃溪手録之《四庫提要》，與今之刻本提要亦不同，殊不可解，安得取閣本而一勘之乎。

草書韻會五卷

題「錦谿老人張天錫集」。前有正大八年二月閑閑居士趙秉文序，序後有「見住燕京縣角頭鄭州王家彫印」，蓋金板原題也。次正大辛卯樗軒老人序，序後有「洪武二十九年丙子楽刊」一行，此洪武翻金本所題也。「楽」當即「新」字之半。書前有歷代善草書者二百五十八人，遺跡在者一百十三人，由漢迄金爲止，舉二十一人數。後有楊茂卿跋，乃集右軍書，則日本翻洪武本時所加。楊跋初印，全書後印，知跋爲後加。

草書韻會五卷

日本五山覆明洪武本。分上下平上去入，共五卷。每端題「錦谿老人張天錫集」。前有正大八年二月閑閑居士趙秉文序，次正大辛卯季夏望樗軒老人序，趙序後有「見住燕京縣角頭鄭州王家雕印」小字一行。樗軒序後有「洪武二十九丙子日楽刊」大字一行。次歷代草書人數計二百五十八人，遺跡在者一百十三人，由漢章帝迄金王萬慶。大字闊板，半頁七行。白口，雙魚尾。趙序今《滏水集》中無其文，録如下：

草書韻會引

草書尚矣，由漢而下，崔張精其能；魏晉以來，鍾王擅其美。自兹以降，代不乏人。夫其徘徊閑雅之容，飛走流注之勢，驚竦峭拔之氣，卓犖跌宕之志，矯若遊龍，疾若驚虵，似邪而復正，似斷而還連，千態萬狀，不可端倪，亦閑中之一樂也。初明昌間，翰林學士承旨黨文獻公始集數千條，修撰黄華王公又附益之。兵火散落，不復可見。今河中大慶關機察張公君用類以成韻，捃拾殆盡，用意勤矣，將板行以與士大夫共之。竊嘗以謂，通經學，道本也，書，一藝耳。然非高人勝士，胸中度世有數百卷書，筆下無一點塵，亦不能造微入妙。君用素工書翰，故能成此。正大八年二月四日，閑閑居士趙秉文爲題其端。（見住燕京縣角頭鄭州王家雕印）

書法鉤玄四卷

題「朱方蘇霖子啟編纂」。明初刊。小字。白口。所採皆古人論書法者，首揚子雲。十行，二十字。每行上皆空一格。

書法鉤玄三卷

明刻。題「朱方蘇霖子啟編纂」。所採皆古人論書法者，《書苑精華》之類也。目録未完，似缺一卷。

似明初刻。小字。白口。半頁十行，行二十字。正文概低一格。有「虞山攬秀堂翁氏藏書」（白方）、「國卿圖書」（朱方）、「馮印念周」（白方）、「復京」（朱方）、「翁楚私印」（白方）、「二雲」（朱方）、「二雲長物」（白方）、「二雲氏」（朱方）。

草韻辨體五卷

萬曆中勅編。有萬曆十二年御製序及跋。後有崇禎癸酉閔夢得書後。此刻即崇禎本也。

鐵網珊瑚不分卷

舊抄本。有「如來真子天子門生」印（朱圓，此錢牧齋）、「古鹽張氏」（白方）、「芷齋圖籍」（朱方）。書簽有「芝瑞堂鈔藏」字。以校汲古閣藏朱氏手寫本，缺「法書五」、「名畫五」各一本，毛書十四本也。其行款一切均與毛同，蓋自毛本傳抄者也。

庚子銷夏記八卷附閒者軒帖考一卷

鮑氏原刻本。有余秋石（集）朱筆手録何義門評語，並以義門評本校正刻本。卷一之四爲秋石手書，卷五之八則别一人録，後並録義門跋語。有「余集之印」（方印，半白半朱）、「余集之印」（朱方）、「余氏蓉裳」（朱方）、「校書餘暇」（朱方）、「辭達而已」（朱方）、「余集之印」（朱方，古鉩字）。

北海於翰墨未足爲精鑒，而一時天府之物流落人間，及士大夫所藏，往往在焉。可以備考證，資談笑，此八卷固不可少也。《大觀太清樓帖》今在華亭司農公文房，不閲此，亦安知當年得之之難如此，而其子孫不善守，爲可喟息耶。康熙癸巳何焯識。

校刻本者。惟卷一之四爲秋室手書，五之八乃别一人録，其中墨筆數處則仍秋室筆也。讀評語口吻，及《庚子銷夏記》評校本，每卷有余秋室印記，後有何義門跋語，知爲秋室手録義門評，並以義門評本所記人物時代，即無跋亦可斷其爲義門。至校補各處，有云「某某以下何評本無」者，有云「此條何評本無」者，則皆出于秋室。義門時此書未刻，所評必爲抄本，而與鮑本有不同處。秋室曾手書此書，付梓印行，後又得義門評本，遂手録其批語，並據評本校正之。其録自兩人者，當是假讀有限期，故人録四卷，而秋室復過目一次，又加墨筆數條，其情事固可推而知也。《消夏記》（記）［刻］于乾隆辛巳，《帖考》則後來補刻，嘗見數初印本，皆無《帖考》。以此本觀之，《帖考》初印，《消夏記》則已成中印，其非同時所刻可知。然義門評本則有《帖考》，觀其跋中所稱《大觀太清樓帖》云云，固指《帖考》而言，又云「此八卷固不可少」，則《帖考》原必附于第八卷後，特鮑氏所録本脱此《考》文，刻成乃得之，故别爲一卷。觀其印本極早，或即據何本補刻，亦未可知耳。時丁卯元旦，上虞羅振常于修俟齋并記。

逸情録二十卷

明嘉靖楚藩崇本書院刊本。前有楚藩序，嘉靖乙酉李廷相序，嘉靖三年林應龍自序，後有楚藩跋。跋後有「楚藩崇本書院」一行，又有「楚藩經史之章」印。明永嘉林應龍輯。先是，日本僧虚中于弘治中著《決勝圖》，應龍又增廣之以爲此譜。大字。白棉紙印。林序後附《過虚中上人故居題決勝圖後》七律一首。楚藩序後亦有「楚藩崇本書院」一行。

弈正

明雍熙世皞如輯。分起手、滿局、侵分、殘局四編。前有陳眉公序。萬曆刊本。

仙機武庫八卷

以金、石、絲、竹、匏、土、革、木分卷。似明刻。然目録後有新增「徐氏兼山堂」一行，則是康熙刻也。前有《論弈名言》十三篇，乃宋翰林張公擬撰。前無序，不著編輯人。

射史八卷

明崇禎刊。前有陳繼儒序：「新安之程，名族也。鄒魯孫吳，遞相甲乙。而漢川之仲斗、榆川之于行兩君，皆節俠曉暢兵略。仲斗刻有《耕餘剩技》行於世，當路遣使者束幣羞（辟），聘辟交至，仲斗皆以母老辭，而獨與從弟于行論弩法、槍法、棍法甚晰。于行請更以射法，合成全書。」崇禎改元弟夢周于行父序，三年新都耕叟程宗猷伯嘉父序（自序）。

宣和集古印史

明刻。來行學顔叔摹。屠隆序，自序。至正二十五年豫章揭汯《吳氏印譜序》，王沂師魯《揚氏印譜序》，王穉登《顧氏印藪序》。「培之秘玩」（朱長方）、「小天籟閣」（白方）、「新安項芝房收藏書畫私記」（朱長方）、「戴植字培之鑒藏書畫之章」（白扁方）、「翰墨軒」（朱長方）、「歙項芝房收藏書畫之印」（白方)、「□倍萬樓藏本」(朱長方)、「項源芝房印信」(朱長方)、「項氏金石」(白方)、「項源小印」(白扁方)、「漢泉芝房」(同上)、「培之所藏」(朱方)、「項源私印」(白方)、「小天籟閣」(朱方)、「求放心齋」(葫蘆式)、「芝房」(白方)、「項氏漢泉」(朱方)、「芝房經眼」(朱長方)、「項芝房印」(朱方)、「項芝房鑒賞印」(朱長方)、「翰墨軒主人」(朱方)、「芝房」(朱圓)、「項源之記」(白方)、「項芝房珍藏書畫印」(朱長方)、「項源更名爲煌」(白方)、「項氏漢泉」、「項源字漢泉一字芝房」(白方)、「臣植」(白方)、「培之」(白方,龍虎雀玄武边)、「芝房」(朱葫蘆式)、「漢泉」(朱方)、「項伯子芝房章」(白方)。

聽香小榭漢印譜

摹印之製,肇基于秦,而大昌於漢。其字綢繆屈折,别成一體,所謂繆篆是也。漢人鐫印,堅凝渾厚,又□活而不滯。後世屢變其體,去古益遠。六朝猶可觀,唐宋以來,斯術益晦,降至近代爲進。然徽派模裝無力,頑伯純用小篆刻印,自成别派,然非古也。學之者務爲波折,不可入目。浙七家原出于漢,頗見力量,而不能渾厚,蓋漢印寓厚于光潔之中,毫不造作,而自然高古。浙七家故作破缺以爲老辣,爲一光潔則軟稚不堪矣。蓋一出天然,一爲做作,信乎古今之不相得也。予刻印喜摹古,雖以漢爲宗,然仰鑽雖至,高深愈極,惟不敢做作一筆,此則可自信者耳。毛君茹蘗以此譜見示,蓋皆漢印,因隨筆書鄙見於端,質之茹蘗,以爲何如? 時戊午七月下澣,上虞羅振常。

閒雲閣印譜

桐城女史方若徽仲蕙鐫。前有道光上章困敦孟冬子婿石巖英騈文序。己酉夏四月孔□鉚題詩，戊申季夏桐城李恩溥題詩，均七律。道光戊申季夏陳子海題五古。都四十二册，無慮數千方。閨秀成此，殊不易矣。介徽、浙派之間，不能甚工。

吕氏考古圖不分卷

元刊本。前有大德己亥古迂陳仁子序。書題下有「默齋羅更翁考訂并書，奉議大夫江西肅政廉訪使古閩林瑜重考」二行。

博古圖録

宋大字本。單框，雙魚尾。八行，十七字。上字數，下刻工。

大觀録二十卷

舊抄本。吴升撰。前有康熙癸巳王掞序，宋犖序。有「陳萬璋印」。

布泉圖録四卷

舊抄本。吴縣郟志潮撰。前有嘉慶中自序，稱圖四卷、録四卷。此本無圖，殆傳抄時未摹拓本也。

程幼博墨苑

明刻。其書有圖者分十二卷，目録如此，而書口則六卷，分上下也。又序及題詞等九卷，中亦有分上下者。繪圖極精。《四庫存目》作十二卷，恐無序跋等，非足本。題詞有利馬竇西文字。又有十三四卷，則各門之補遺耳。目頗紛錯不一，兹録如下：

有圖之部

書口　目録（每卷有目）

卷一（玄功上，即天文）　即卷一

卷一下（玄功下）　即卷二

卷二（輿圖上）　即卷三

卷二下（輿圖下）　即卷四

卷三（人官上，即人事）　即卷五

卷三下（人官下）　即卷六

卷四（物華上）　即卷七

卷四下（物華下）　即卷八

卷五（儒藏上）　即卷九

卷五下（儒藏下）　即卷十

卷六（緇黄上，道）　即卷十一

卷六下（緇黄下）　即卷十二
（補遺）　卷四終（物華終）　即卷十三
（墨苑跋）　即卷十四
無圖之部　（其自稱冠人文墨苑于卷之首，則無圖之部宜在前）
卷一（姓氏爵里［作序人］，人文［題墨人］）
卷二（墨苑序）
卷三（同上）　此卷有自序　（題萬曆丙子新都幼博程大約）
卷四（墨説）
卷四下（詩）
卷五（歌）
卷六（墨讚）
卷六下（墨解，墨讀，墨經，釋問，無對）
卷七（賦記，頌評）
卷八（名公書啟，古人論墨書記）
卷九（墨寶齋記，不二價文）

每卷有「吳興姚氏邃雅堂鑑藏書畫圖籍之印」（朱方）、「姚氏藏書」（白文）、「姚晏」（朱方）。

墨品八種

舊抄本。前有「戊午六月從梁山舟先生家藏本假抄」八分書題識。有「梅竹吾廬主人印」（朱長方），有「陸氏三間草堂藏書」（朱方）。後有三間草堂主人跋：

《墨品》一書，係宋牧仲尚書彙諸家説而編之也。視爲秘笈，向無刻本，惟杭州梁學士山舟家有傳抄本，余欽慕久之，深以未得此書爲憾。過泉塘，晤汪君小米，詢及是編。亦謂家無其書，惟夙聞宋公有嗜墨之癖，鑑賞固屬精當云云。復閲十數寒暑，養痾于明聖湖畔，見梅竹吾廬主人家有從梁氏抄成此編，喜甚。乃吝于借録，不惜重資而購之。時在道光庚寅小春十有三日，三間草堂主人識。

百菊集譜六卷補遺一卷

宋史鑄撰，明汪士賢校。《補遺》邢良司子撰，史鑄校。附《續集句詩》，史鑄撰。

煙草譜一卷

青浦陳琮愛筠著。前有嘉慶旃蒙大淵獻自序。朱格。書口上有「昭代叢書壬編」六字，下有「運南堂」三字。引書至二百餘種。檢《昭代叢書》中亦無此種，僅「丁集」有琮所著《天啟宫詞》一種，蓋校繕而未付刊者也。

墨子十六卷

經訓堂刊本。戴望批校，所録乃王氏《讀書雜志》及俞氏《諸子評議》，戴氏自無發明。後有跋語。「子高」印（朱方）。

丁卯四月，戴望用王氏《讀書雜志》校于金陵之古長干里。時湘鄉相國方還軫兩江。丁卯秋七月庚辰，以此本贈會稽倪元卿。望記。

淮南子二十八卷

明嘉靖刊。小字本。半頁十行，十九字。無注。每卷端題「漢劉向定，許慎記上，明毘陵後學吴仲校刊」。

《淮南子》各刻本從來無善本，多經删改故。惟士禮居有宋刊小字本，獨稱完善。此本乃明嘉靖毘陵吴仲校刊，無注，各家未見著録，頗稱稀見。架上有莊刻，未過校也。適王雪澂方伯方校此書，因以質之。據方伯謂，此本與宋本同者十之七八，可稱善本。惟《齊俗訓》與《泰族訓》有互錯之簡，爲可異耳。案此蓋因所據底本篇頁錯訂，復刻時既改其行款，連累而下，未及改列，故致如此，可見明人校刊之疏。然所據本必甚古，乏資考訂，固瑕不掩瑜也。因簽出其誤處，并記方伯之言于端。

淮南萬畢術

抄本。丁晏輯。前有道光七年柘唐自序，後有同治乙丑自跋。叔[兄]題識云：「光緒癸巳暮春，上虞羅振玉敬讀一過于白田舟次。」蓋是年南游海上，泊舟寶應，于書肆得此也。抄多脱誤，叔兄均爲補正。

化書六卷

錢罄室手寫本。文彦可舊藏，後歸吳平齋。有「叔寶」（白方）、「文彦可」（朱方）、「謝林邨氏珍藏書畫」（朱文長印）、「沿州」（白方、朱文二方印）、「二百蘭亭齋藏書之印」（朱方）。案彦可名從簡，衡山（徵明）曾孫。《列朝詩集小傳》「叔寶嘗游文待詔門下，日取架上書讀之，有異書必手抄，幾于充棟」云，故此篇爲文氏所藏也。罄室距今前數百年，當時所見必是佳槧，即觀其筆法挺秀，亦不讓待詔。故彦可、罄室相距未幾，即已珍藏，况乎今日。其歷劫不燬，未始非鬼神呵護之靈也。丁巳二月得之海上，裝既成，展卷而古香盈把，謹題數言，以誌奇快。上虞羅振常並識于海上寓居之終不忍齋。

化書新聲七卷

卷一第二行題「晉紫霄真人譚景昇著，明體物子王一清注」。前有萬曆丁酉吳之鵬序，萬曆甲午王一清自序。黑口本。有「牧翁蒙叟」（朱方）、「錢謙益印」（白方）、「吳瑕于生」（橢圓朱白文）。

白虎通

前有大德九年四月□日東平克齋張楷序，次有無名題識。二十卷。半頁九行，十七字。白口，雙魚尾，雙框。

容齋五筆（殘本）

弘治中李瀚刻本。前有弘治戊午冬十月巡按河南監察御史沁水李瀚序。戴培之藏書，有跋。半頁十行，二十一字。黑口，雙框，雙魚尾。

容齋五筆

馬刻原印。批校本。小字甚密，引伸發明處極多，洵爲洪氏功臣。後有王西莊墨筆手跋：

> 南宋諸説部書，王野客外惟洪容齋稱淹通賅博。後此作者如楊慎之《丹鉛録》，胡應麟之《少室山房筆（談）［叢］》，極欲方駕，以余觀之，終嫌不逮也。此數册爲吾友竹珊所讀，用功頗深，向從假閲，遲遲未返，而竹珊逝矣。摩挲舊物，不勝山陽之感云。戊辰秋日，耕養齋主人記。

有「西莊居士」（白方）、「王鳴盛印」（白方）、「鳳喈」（半白朱）。

賓退録十卷

天一閣明抄本。棉紙，藍格。有「天一閣」三字長方印。末卷有「正德四年八月日鞏昌府刊行」一行。

賓退録十卷

仿宋本。有紀文達跋。袁漱六藏。

此書舊無刻本，惟就秋岳《學海類編》中輾轉傳寫，譌不勝乙。近乃有此刻，雖誤字亦所不免，然勝寫本多多矣。與時始末，諸書不載，近於趙子固《彝齋文編》中得其墓志，始悉其生平，然墓志不載其著此書，又不知何故也。己亥中秋前二日記。「昀」印（白文）。

困學紀聞二十卷

元泰定二年慶元路刊本。每半頁十行，行十八字。前有袁桷序，後有陸晉之後序。目後有「伯厚甫」、「深寧居士」墨印。卷二十後題後有「孫厚孫、寧孫校正，慶元路儒學學正胡禾監刊」二行。有「燕越胡茨村藏書印」、「楮園圖書」二印。

論衡三十卷

後有慶曆五年前進士楊文昌序。嘉靖中通津草堂刊本。十行，二十字。白口。周雪客藏書。有朱筆舊校，校者有「盧」、「志祖案」、「宗炎案」、「震煊案」字樣，筆跡相同，蓋過録本也。三十卷後刻「嘉靖乙未春後學吳郡蘇獻可校刊」一行，又「同郡周慈寫陸奎刻」一行。

風俗通義十卷

元大德本。大字。半頁九行，行十七字。白口，上下雙魚尾。第一卷題曰「大德丁未重刊風俗通義□□（篇名）第幾」，書口則分卷上下，上五卷，下五卷。後有嘉定十三年東徐丁黼跋，又劉燕庭手録大德丁未大中大夫行都水監李杲、又浙西廉訪副使謝居仁顯卿跋，翁方綱題籤並跋語七行，劉燕庭跋語二頁。有「燕庭藏書」（朱長方）、「蘇米齋」（朱方）、「覃谿」（朱方）、「正三」（朱方）、「曾經燕庭勘讀」（朱方）、

「劉印喜海」(朱方)、「燕庭」(朱方)。

劭本傳:「撰《風俗通》以辨物類名號,釋時俗嫌疑,後世服(用)其洽聞。」今存十卷,《皇霸》至《山澤》(與是本同)。蘇頌《風俗通義序》云:「諸儒著書,引據最多,而無若庾仲容《子鈔》、馬總《意林》載之略備。」《簡明目録》:「是書與《白虎通義》、蔡邕《獨斷》,皆考論舊制,綜述遺文,俱爲講漢學者之資糧。惟書内多説雜事,不及二書之字字皆爲典據也。」此函前有「大德新刊」,後有嘉定十三年東徐丁黼跋,係元翻宋本,寶之寶之。嘉慶甲子嘉平月大興翁方綱識。

此元大德丁未無錫儒學刊本。前有元大德丁未大中大夫行都水監李杲序,此本無之,偶失之耳。盧抱經《羣書拾補》載「李杲」作「李晦」。尚有謝居仁跋,此本亦無之。謝跋稱「觀風至無錫,有教學李顯翁晦來訪」云云。或以爲李顯翁當名晦,作杲者疑誤。考李晦初名燧,咸淳進士,嘗從外家尤氏,抄本最富,自號惠泉散人,著有《顯翁記聞》、《李姓源流》、《白虎通風俗通校正》諸書,見《無錫縣志》。不言其曾爲大中大夫行都水監。謝跋亦止稱爲耆儒,而亦未及其官。再考《漢魏叢書》、《風俗通》前刻有李杲序云「三衢毛希聖挈來,錫守劉平父一見,遂繡梓於學。客有自錫山來者,道廣文意,徵余跋」云云,是校正者無錫李晦,而作序者李杲。李杲非錫人也,不得誤以爲一人。此本末有嘉定十三年東徐丁黼跋云:「在餘杭得於會稽陳正卿,正卿得于中書徐淵,予至中都,得館中本及孔復君寺丞本,互加參考,今刻之夔。」案,丁黼字文伯,號涎溪,池州人。寶慶初官都制置使，嘉熙三年北兵至，力戰死之，賜額立廟，謚恭愍，見《宋史·忠義傳》。考自各家書目，有《汲冢周書》、《越絶書》，皆丁恭愍刻之夔門，均有跋語，是所刻之書甚多。是書世罕專行之本，明新安程榮、括蒼何鏜刻于《漢魏叢書》，鍾伯敬刻于《秘本十八種》，胡（繼）［維］新刻于《兩京遺編》，錢塘胡文煥刻于《百名家書》及《格致叢書》，雖亦皆十卷，而頗有改易譌舛之處。明新安吴琯又刻于《古今逸史》，乃四卷，經其芟削大半，更無足取矣。各叢書本亦不數覯，今恒見者，惟《漢魏叢書》及國朝汪士漢所刻《秘書》耳。乾隆丁亥，朱笥河先生得大德本，與叢書本互相核勘得失，喆嗣少河丈鈔録成帙，定爲二卷，又《補逸》一卷（《補逸》未採及《太平御覽》，故不及盧氏抱經《羣書拾補》、張介侯《風俗通義姓氏篇》之詳備）。道光辛卯春，檢以畀予，藏之篋衍，匆匆又二十二年。今春偶見此本於書市，乃翁覃溪先生故物，末有跋，書中簡端亦有朱筆小字，足徵先哲好古勤學，曷勝欽仰，亟購之歸。遲日當將朱氏《考正補逸》，並取盧氏《拾補》諸書，詳加考核，附録于後。庶不負少河丈鄭重付畀之意。近日栞川張金吾愛日精廬蒐羅古籍頗多。無錫劉平父所刻《白虎通》即著於録，而《風俗通義》缺如，是此本南中亦不易覯求也。案《白虎通論》，元大德無錫州守劉平父所刻，但無平父跋耳。咸豐二年正月，東武劉喜海燕庭氏誌。

風俗通

元刊本。半頁九行，行十七字。雙框，雙魚尾。存四至十卷。有晉府藏印。

麈史

明抄。三卷（上中下）。前有政和乙未鳳臺子王得臣字彦輔自序。毛斧季朱筆手校，卷末題「辛卯五月十一日校畢」，有斧季題識。宋牧仲舊藏，有「友竹軒」（朱橢圓）、「宋筠」（朱方）、「蘭揮」（白方）。每卷題「鳳臺子王得臣彦輔撰」。「雪苑宋氏蘭揮藏書記」（鐵綫朱長方）、「己丑進士太史圖書」（白方）、「風月無邊庭竹交翠」（朱長方）。

冷齋夜話

《冷齋夜話》傳世者，有《稗海》及汲古二本。《稗海》本無題目，而汲古本有之，然二書實同出一源，無異同。曩見五山板本，前五卷抄補，取校毛本，補「［詩］一字未易工」（卷三末）及「開井法禁蛇方」（卷九末）二條，又正譌奪之字數百，標題亦與毛本大異，蓋從宋本出。書肆非百五十金不售，乃校而還之。昨在東京，得此本于某舊家，與五山本悉同，而首尾完好，價則不及五山本三之一。聞彼邦傳本亦至罕，異日當影寫付刊以傳之。宣統丙辰冬仇亭老民記。

十卷前有目録，目後有「是書僧惠洪所編也」云云識語七行。半頁九行，行十八字。題低二格，每段第一行頂格，以下低一格。

雲烟過眼録一卷

舊抄。張芙川藏書，有張氏印記十餘。又有「晉」白字印、「裘曰修審定」印。「後至正二十年秋八月夏頤手抄于立志齋中」，又「隆慶三年秋八月周曰東重書一過」題識二行。又有「道光甲午八月中秋後十日蔣因培觀」題識一行，「伯生」白文方印。案此書世行各本皆經後人重訂，此則公謹原書也。今以此本與十萬卷樓刊本悔勘，詳略互異，異文甚多，且次第全易。蓋公謹當時隨筆疏記，有一人所藏而前後分記者，蓋見之非一時，故記之亦不在一簡，初未編排。又所見不必盡屬大宗收藏家之物，故有一物記一段者。其間或注明收藏之人，或且不注，或友朋言論亦記其詳，與前此之收藏家諸物初不相蒙。觀此本每頁端必提行頂格書之舊，若蟬聯則依次皆低一格，顯而易見也。後人不明此旨，以爲繁複，將一人所藏前後叠見者爲合併一處，而更端零星所記、其未注明收藏之人者，則附於前人之後。於是數人所藏，皆爲一人之物，以爲整飭，而不知大紊公謹之例矣。此書陸刊作二卷，亦後人所分。蓋增入文、葉二氏之語，篇幅遂多，乃分爲上下也。嘗謂編詩之例，最善者編年，最劣者分體，蓋編年不獨可觀詩筆之變更，且于其人一生之際遇哀樂，歷歷可覩。更按其時事，考厥篇什，雖諷寓寄託不能明言者，亦可推知某詩爲某事而作，至改爲分體，則一切懵如。此書原本與重訂本之得失，亦猶是也。以久經羼亂之書，而忽覩廬山真面，舊槧舊抄之可貴，不信然哉！此本不必即周曰東所寫，然觀「類」字必作「類」（明人書如此，刻本亦然），「丘」字不加「邑」，本朝廟諱無一缺筆，則絶爲明抄無疑也。丁巳孟秋十七日。

學圃齋隨筆

明抄本。題「清涼山人文元發子悱」。存十五卷。元發，震孟父，《蘇州府志》載元發著有《學圃齋隨筆》五十卷《續筆》十六卷，《蘭雪齋集》二卷，《清涼居士集》二十卷。此爲未寫定原稿，僅有書名，下標卷第，且有數卷並書名無之。質之吳中藏書家，均云未見其書，可稱孤本。

閒中今古録二卷

明陳頎永之著。前有成化三年自序，次正德四年門人周詒序。有「東明外史」（朱方）、「壬辰進士」（白方）、「范氏圖書之記」（白方）三印。明抄本。筆記之類，有掌故。

田居乙記四卷

萬曆合字本。缺前序，後有長洲牧知縣祁承㸁跋，稱「爲侍御方公所輯，選録子史記事足爲法誡者，分類輯録」。有「當湖小重山館胡氏篴江珍藏」（朱文長方印）。

寒松閣談藝瑣録

太倉畢子筠先生，自述與秀水王仲瞿先生爲忘年交，曾登其煙霞萬古樓。樓五楹，軒窗明爽，水木清華，塔影風帆，近接几席。樓中圖書卷軸，筆硯琴尊，金石彝鼎，笙簫劍戟，投壺弈枰之屬，位置精雅。而無梯，樓板上穴一圓洞，主人一躍而上，客至則挾以俱登焉。其址在秋涇，樓東北髑髏濱，故相傳其門聯云：「室中有碧（山）〔水〕丹山，妻太聰明夫太怪； 門外皆青燐白骨，人何寥落鬼何多。」兵燹後，鞠爲茂草，今已改建四明會館矣。仲瞿先生天才亮特，通兵家言，上馬如飛，慷慨悲歌，不可一世，等身著作，傳者甚尠。全書從嚴氏借得，詩稿十餘册，甄録二百餘首，爲川沙沈韻初舍人（樹鏞）借去，燬于兵燹。嚴氏所藏原稿，亦付劫灰。時文一册，涇縣朱幼拙侍郎（蔭成）刻之，後又在范雯茁處借詩集殘稿一册，已爲刊行。尚有《黼黻圖》，予摹一册，其自跋云：蘇蕙織錦迴文至，亦知爲文章之壁壘乎，余尤愛其西溪書事一篇云。歲在己酉，至三月圖成。

仲瞿先生《黼黻圖》，老人擬付石印，未果。曾屬予以小篆揭諸簡端。老人往吴，是圖不知流落何所，回憶惘然。受福附識。

《談藝瑣録》，前有張鳴珂自序，署光緒戊申元夕，時年正八十。此書署嘉興吴受福介兹附誌。後有吴跋，署宣統庚戌，跋稱寒松老人没于戊申，爲光緒三十四年。

意林五卷

明謝氏小草齋抄本。黑格，書口上方有「小草齋抄本」五字，十行，二十字。

嘉靖甲申南京太僕寺少卿義谿陳達序。目録附録（前人論《意林》各語）。每卷題「扶風馬總元會編，晉安謝肇淛在杭校」二行。有「晉安謝氏家藏圖書」（朱大長方）、「周元亮抄本」（方，「周」朱，餘白）、「周雪客家藏書」（朱長方）、「胡茨村藏本」（朱長方）、「宛平王氏家藏」（白方）、「慕齋鑒定」。

《意林》五卷，謝氏小草齋抄本，有晉安謝氏、周雪客、胡茨村等藏印。孫淵［如］嘗得一此書舊抄本，以較通行本，異文極多，因舉其絶殊者二處（其一謂《莊子》「舜讓天下（與）［於］子州支伯」以下各節，抄本標由《孫子》；其一不記憶，《平津藏書記》適爲人假去，不能指其處矣）。以此本證之，一一吻合，可知其絶非常本。惜篋中無聚珍本，不得取而一校也。戊午元夜後一日，上虞羅振常觀於蟫隱廬并誌。

此書并有嘉靖甲申義谿陳達序，似即自陳本迻録者。案義谿陳氏，明時聞人極多。達字沽英，號虚窗，弘治乙丑進士，官至山西巡撫都御史，有《虚窗小稿》並《續集》行世，見《義谿世稿》。此書向以《道藏》本爲善，觀陳序，蓋即《道藏》本也。陳氏刻本向未見著録，非序而未刻，即刻而傳本甚少，不然，謝氏距陳不遠，何必録校之乎？歸安陸氏藏有嚴鐵橋校本，常熟瞿氏藏黄琴六校本，并據《道藏》本校，信乎《道藏》本之善矣。越日又記。

居家必用事類全集

黑口本。不著撰人。分甲乙丙丁等十集，集各一卷。半頁九行，行十六字，雙魚尾，雙框。商邱陳氏藏書，有「疆養堂主人陳宗石子萬氏」（朱方）、「東林少保之孫復社黨人之子」（白方）、「臣壇印」（白方）、「陳伯子」（朱方）諸記。

黑口本《居家必用事類全集》，商邱陳氏藏書，有陳宗石、陳壇等朱記。案此書雖不著撰人，然爲元代人所纂則無可疑。宋元人輯類書，如《記纂淵海》、《合璧事類》、《翰墨大全》、《翰苑新書》之類，皆非稀見。此書則罕見著録，藏書絶少。舊見元刻殘帙，此則正德刊也。陳宗石蓋迦陵之弟，贅於侯氏（即侯朝宗），遂籍隸商邱。其藏印曰「東林少保之孫復社黨人之子」，少保爲陳于廷，明進士，官侍郎，忤魏忠賢削籍，後起左都御史加太子少保，忤周延儒再削籍。嘗從顧端文講學東林，東林推服之，忌者因指爲黨魁。復社黨人則貞慧也。宗石之生平不詳，此書某卷後有識語，中有「家兄其年」云云，知爲宗石手筆。據所述蓋亦當時之能吏。

毛君茹蘗新以廉值［得］此終秘之籍，出而見示，因爲書其後，尚其寶藏勿失也。時戊午七月，上虞羅振常誌于上海寓居之終不忍齋。

華夷花木鳥獸珍玩考十卷

前無目，有萬曆九年吳興郡山人慎懋官自序。有「翰林院印」，并「進呈」書目長方木戳（「乾隆十八年七月兩淮鹽政李質穎進到華夷花木考一卷計書七本」）。又有「于氏小謨觴館」（朱長一行）、「于昌進珍藏」（朱長方）。

龍筋鳳髓判二卷

分上下卷。題唐張鷟文成撰。白口。十行，行十六字。無注。有嘉靖補板。

初學記

安氏刊本。前有周星詒題如下：

《初學記》今世行本莫古于此刻，顧安氏祖本有缺葉，以意補之，故不爲精善。昔讀嚴先生集，知有校宋本，求不可得。去年在滬，湖賈以書售蔣香生太守，目有傳臨校本，予力［勸］香生購之，閒當假□也。乙酉五月十九日周星詒讀竟誌。

《藝文類聚》、《御覽》及此，古經子史集今不傳者，於四書可得十三四，學者必讀之書也。予行篋書悉歸蔣氏，獨影抄明寫《書鈔》、校宋《類聚》、鮑刻《御覽》洎此在，蓋炳燭之志不與年邁也。

□漢魏古書，自宋南渡來，傳本鮮完善，故雖得天水槧□□誤補脱，僅十三四耳。以一書爲專業，竭畢生心力，更佐以□古，必不能者，勢也。虞、徐、歐、白、《御覽》、《册府》諸書，□書淵源，得一宋本，有益讎校，功等專刻。吾鄉先輩有收藏多類書者，少聞科第中人譏笑爲「兔園學」，遂亦輕鄙。及三十四五歲，始大悔悟。先輩蓋去穉威、蘭坡、元牧諸公不遠，猶守緒□也。

白氏六帖事類集三十卷

宋本。前有各卷總目，第一行作「白氏六帖事類集一部凡三十卷」。目録第一卷「天地日月」云「云」，第二卷「山水川澤」云云。每卷端各有分目，作「天第一」、「地第二」云云。正文每目作陰，亦作「天第一」、「地第二」云云。板式寬大，半頁十三行，行大字小字不等，大疎小密。大字滿一行者少，大率每行二十四五字不等。小字滿行者多，每行三十二三字不等。□□甚狹，單框，單魚尾，横不成列，顧字方整有力。初印絶精，皮紙如日本紙。宋諱缺筆。本樊增祥作陝臬時，自陝購得，進張文襄，今歸傅沅叔。

「竹塢」（朱長方）、「中南山人」（白方）、「季振宜印」（朱方）、「滄葦」（朱方）、「乾學」（朱方）、「徐健庵」（白方）、「玉蘭堂」（白方）、「古吳王氏」（白方）、「翼之珍藏」（朱方）、「季振宜字詵兮號滄葦」（朱方藍印）、「季振宜藏書」（朱方微長）。

事類賦三十卷

明覆宋刊。十二行，二十字。宋博士渤海吳淑撰注。卷端題「皇明都事錫山華麟祥校刊」。前紹興丙辰右迪功郎特差監譚州南嶽邊惇德序，次《進注事類賦狀》，第三十卷後有銜名三行：「宋紹興丙寅（此五字高）右迪功郎特差監譚州南嶽廟邊惇德、左儒林郎紹興府觀察推官主管文字陳綬、右從政郎充浙東提舉茶鹽司幹辦公事李端民校勘（此二字下）。」

題「宋博士渤海吳淑撰注，皇明都事錫山華麟祥校刊」（兩行）。紹興丙寅迪功郎特差監潭州南嶽廟邊惇德序，次淑《進事類狀》。宋事皆空格。三十卷。後有紹興丙寅邊惇德、陳綬、李端民校勘銜名三行。半頁十二行，行二十字。

事類賦三十卷

邵位西《半巖廬書目》載《事類賦》。黃蕘圃藏宋刊殘本，半頁八行，每行大小字不等。元刊本則半頁十二行，行二十字。《郘亭書目》作每頁二十二行，乃筆誤。此爲明嘉靖中錫山華氏覆宋紹興刊本，前有紹興丙寅邊惇德序及淑《進書狀》，後有刊書銜名三行。其出于宋板無疑，而行款則與邵氏所謂元本同。案此書別有嘉靖壬辰趙鷺洲刊本，稱據華氏所藏宋本校正，則華氏本藏有宋本（見《郘亭書目》），與蕘圃所藏者不同，故據以重刊。邵氏所見，恐是元覆宋刊，故行款與宋本同耳。此書則絶非覆元也。錫山華氏乾隆甲申又重刻此書，則字句譌脱甚多，蓋其時家藏之宋本已失，而并明時家刻覆宋之本亦不可得，故據通行本刊行，亦可見此刻傳本之少矣。丁巳九月十七日，羅振常。

太平御覽

明活字本。半頁十一行，二十二字。書口下方有「宋本校正游氏活字印行一百餘部」小字兩行。有「長白敷槎堇齋昌齡圖書印」（朱方）、「珊瑚閣珍藏印」（朱長方）。

事物紀原十卷

前有正統十二年南昌閻敬序，成化八年成安李杲序。成化刊本。黑口，雙框，雙魚尾，白皮紙印。有朱墨細楷校語，筆致如斧季，稍遜其工。有「致爽閣」（八分長印）、「毛褒」（朱文方印）、「華伯」（白文方印）、「信古樓收藏記」（朱文方印）、「弌元」（朱文長方印）、「□郵」（朱文長方）諸記。《郘亭書目》著録即此本。

皇朝新刊實賓録二十卷

馬永易撰。前有嘉泰丙申馬永易序及政和二年滏水文彪序，序後有題識二行曰：「乾道壬辰九月九日，吳興施氏元之刻于三衢，生嘯齋梓。」十行，二十字。影宋抄本。李申耆藏。

錦繡萬花谷前後續三集

明會通館活字本。半頁九行，行十七字。只書及門類用大字，正文及各段之題目皆雙行小字。名爲九行，實十八行也。雙框，白口，書口魚尾上方有「弘治歲在玄黓困敦」八字二行，書口下方有「會通館活字銅板印」八字二行。

事文類聚翰墨大全甲集十二卷乙集十八卷丙集十四卷丁集十一卷戊集十三卷己集十二卷庚集十卷辛集十六卷壬集十七卷癸集十七卷

元刊元印本。前有「吳陸亟旦圖籍印章」、「許珩之印」、「君耆漢齋」、「長白馬佳寶康審定宋元舊槧並元明舊抄舊校之記」。

新編事文類聚翰墨大全

題「前鄉貢進士省軒劉應李希泌編」。大德三十一年前進士考亭熊禾去非序。

事文類聚

元刊本。十四行，二十八字。

事文類聚

元或明麻沙本。十二行，二十四字。

事文類聚

祝穆序。後有「萬曆甲辰孟夏之吉金谿唐富春精校補遺重刻」。書目下有「德壽堂梓」四字。

太學增修羣書會元截江網

明初刊本。小字。半頁十二行，行二十六字。黑口，雙框，雙魚尾。大題跨行大字，子目白文。稱宋爲「皇朝」，知爲宋人撰，乃科舉策料也。有「白鹿洞」（白長方）印記。

古今合璧事類分前後續别外五集

明刊。前有寶祐丁巳膠庠進士建安謝維新（即作書者）序，郡人黄叔度序，嘉靖丙辰禮部尚書顧可學序。衢人夏相（業）刊本（見顧序）。目録後有「嘉靖壬子春正月三衢近峯夏相宋板摹刻至丙辰冬十月事竣」一行。

新箋決科古今源流至論

前、後、續集，每集各十卷。前集有嘉熙丁酉三山前進士黄履翁吉甫序，每卷第二行作「閩川林駉編」。半頁十二行，二十二字。小黑口，雙框，雙魚尾。似元麻沙本。

此書各藏書家所有皆元延祐小字本，每半頁二十五行，行二十五字者。此中字本則向未見著録，惟《郘亭書目》記宋嘉祐刊本，半頁十二行，行廿二字，行款與此本合。然此本形式全似元板，疑爲元翻宋刻，故行款相同耳。此書應有前、後、續、别四集，此本只前、後、續三集，無《别集》。初疑缺一集，繼則得小字本《續集》校之，此本之《前集》，即小字本之《續集》。頗疑開板時，僅得宋本後、續、别三集而缺《前集》，書坊乃以《後集》爲《前集》，《續集》爲《後集》，《别集》爲《續集》，刻成遂只三集也。臆度如此，惜篋中無小字全集一爲校勘也。

玉海

王厚齋先生《玉海》，爲應博學宏詞科所藉要之書，故門目多鉅典鴻章，故實亦吉祥善事。《四庫全書提要》稱其可與《通典》抗行，馬端臨而下，非其敵也。此江寧重刻初印本，購得十部，以贈篤學之士。昔在京口購康熙間補闕本，典朝衣而得之，猶依依如昨日事云。嘉慶丁卯立春，伊秉綬記於揚州六一堂。「子墨客卿」（朱方）、「東閣楳華」（朱方）。

新刊簪纓必用翰苑新書

明萬曆刻本。前有陳文燭序。書口有「仁壽堂刊」四字。不著撰人。《前集》十二卷，門類概爲「職官」，每官又分「歷代事實」、「皇朝事實」（宋朝）、「羣書精語」、「名賢詩詞」、「四六警語」等細目，至十一二卷乃爲「人事」，如「升轉」、「薦辟」、「感恩」、「干請」等目。蓋此書全爲翰林作文之故實書也。《後集》七卷，前三卷爲「大典故實」，如「登極」、「上尊號」、「立后妃」之類。四五卷爲「賀表式」，皆録宋代名人著作，六七卷則爲「類姓」，與汲古相同（即一姓之故實，如趙姓則凡趙氏名人各事隸之）。《續集》八卷皆「賀上官牋啟」，亦録名人著作。《別集》二卷則「各體文」，如劄子、狀、朱表、青詞、疏冊、祝文、祭文之類。

韻府羣玉二十卷

元刊元印本。凡例後有一牌子云：「瑞陽陰君所編《韻府羣玉》，以事繫韻，以韻摘事，乃韻書而兼類書也，檢閲便益，觀者無不稱善。本堂今將元本重加校正，每字音切之下，續增許氏《説文》以明之，間有事未備者，以補韻書之編，誠爲盡美矣。敬刻梓行，嘉與四方學者共之。至正丙申暮春，劉氏日新堂謹白。」

回溪史韻

宋刊本。白口，雙魚尾，單框，上字數，下刻工。十一行，廿字。

聖宋名賢四六叢珠一百卷

明抄。藍格棉紙。宋建安葉蕡子實編。前有慶元丙辰吳魚然序。每類後有四六對舉之句。有「見山堂藏書印」（朱方）。

新編纂圖增類羣書類要事林廣記

前集十卷（此集多載禮儀）

後集十卷

續集十卷

別集十卷（卷六之十爲《尺牘筌蹄》）

明黑口本。十三行，行二十一字至二十八字不等，而以二十三字爲多。題目皆陰刻，式如元本。雙框，大字。不著撰者姓名。其中多雜明制（此仍當有新、外二集）。有「繩繩齋」（朱長方）、「衍聖公圖書」（朱方）二印。

選編省監新奇萬寶詩山二十六卷

自「天文」至「鱗介」而止，分天文、時序、節令、地理、天下、京師、第宅、花卉、木、果實、草、獸、鱗介十三門，每門又分若干類。但應有「鳥」、「蟲」二門，疑其後略有缺也（此書應三十卷，此本不全，南海潘氏有之）。元刊袖珍本。板心高四寸，闊二寸四分。半頁十五行，每行二十三字。每一詩題下綴五言六韻詩一首，亦有同一題而有詩數首者，蓋備場屋應試用也。詩題唐詩句爲多。單框，雙魚尾。每卷書名及門類均大字跨兩行。第一卷書名後有「書林葉氏廣勤堂新刊」一行。小黑口，雙魚尾。

新編古今姓氏遥華韻

舊抄。書分十集（名見《愛日精盧藏書志》）。題「臨川布（礼）［衣］洪景修進可編」。有至大三年程鉅夫序，元年門人姜姓仁序，至大元年自序。

「張月霄印」（朱方）、「愛日精盧藏書」（朱方）、「秘册」（朱長方）、「張之洞」（白方）、「王雪澂經眼記」（朱方）、「陶文沖讀書記」（朱長方）、「陶濬宣」（白方）。

翰墨全書

元大德本。十四行，二十八字。巾箱本。

羣書集事淵海四十七卷

不著撰人。前有弘治乙丑八月洛陽劉健序。弘治黑口本。序稱「内官監左少監賈公性，于貨書家得書四十卷，若《類聚》、《合璧》，題曰《羣書集事淵海》，而不著纂述氏名。類以門分，事因類目，往古君臣而下，外至夷狄，其行事之善惡，載之益詳且備，甚便觀覽。公愛而重之，因校正重□，而請予爲序」云云。蓋司禮監本也。有「慧海樓藏書印」。每則皆注出處，多引正史。

歷代蒙求一卷

汲古閣影元精抄本。題「汝南王芮撰，括蒼鄭鎮孫纂注」。前有徽州路儒學教授王萱序，後有「徽州路儒學學録上饒游詹校正」一行。次括蒼鄭鎮孫安國甫序，至順改元通議大夫徽州路總管兼管内勸農事馬速序，次至順癸酉孟夏通議大夫徽州路總管府達魯花赤兼管内勸農事河内薛超吾序。前有「歷代總圖」，由伏羲迄金。全書皆四言韻語。半頁八行，行十八字，注同。

序前印章：「元本」（朱橢圓）、「甲」（朱方）、「毛晉私印」（朱方）、「子晉」（朱方）、「毛扆之印」（朱方）、「（養）［斧］季」（朱方）。

卷端印章：「元本」（朱橢圓）、「甲」（朱方）、「毛」（小朱方）「晉」（小朱方）、「毛扆之印」（朱方）、「斧季」（朱方）。

末頁印章：「子」（朱方）「晉」（朱方）、「汲古主人」（朱方）、「毛扆之印」（朱方）、「斧季」（朱方）。

山海經十八卷

黑口本。前有總目，目後連劉向進書表。目録第一行標題下有字數（雙行）「本三萬九千十九字，注二萬三百五十字，總五萬一千二百六十九字」兩行。此外各卷目録每行下亦注明「本若干字，注若干字」。每卷目録書「某經第□」（如「南山經第一」），不作「山海經卷第□」也。次行有「郭氏傳」三字。寬黑口，三魚尾，雙框。半頁九行，二十字，注同。字頗類元本，然實明初刊也。其書口則書「山海經上」、「山海經下」，蓋原未覩，是兩本，所云「上」、「下」乃本數，非卷數，明人往往如此也。第九［卷］末頁低一格有「建平元年四月丙戌，待詔太常屬臣望校治，侍中光禄勳臣龔、侍中奉車都尉光禄大夫臣秀領主省」。

甘澤謡一卷

明抄本。附《東坡删改僧圓澤傳》一篇。後有五川居士重跋。天一閣物。上缺一二頁。

清異録二卷

宋陶穀撰。鹽官陳氏漱六閣刊，小字本，甚精。

北窗炙輠録二卷

奇晉齋本。宋施彦執撰。吳兔牀朱筆手校，有「兔牀手校」（朱長）、「拜經樓吳氏藏書」（朱方）、「小雅偶得之」（朱方）、「南面百城」（白方）。有兔牀手跋及八分題識兩處，并録祝枝山、全（榭）［謝］山、鮑以文三跋。

彦執施先生爲海昌耆宿，所著書二種：《孟子發題》及《北窗炙輠録》。《孟子發題》，安陽許酉山侍郎修邑志時，嘗刻入藝文類。惟《北窗炙輠録》傳本絶少，近嘗湖陸氏刊此本，又復多亥豕，且至脱落數百言。予從鮑渌飲借得吴岫本校正，視陸本不啻雲淵矣。他日當與《孟子發題》合梓之，以裨鄉邦文獻之徵也。戊戌初秋，兔牀鶱跋。

茅亭客話十卷校記一卷

仁和胡氏據宋本合字本印。目録後有「太廟前尹家書籍舖刊行」一行。

李卓吾批評三國志演義

康熙中吴郡緑蔭堂刊本。大板，前有繆尊素序，康熙丁卯山陰戴易南枝序。亦百二十回，但目録辭句與今本不同。前有書人姓氏□□，繡像頗工，批著于眉，旁有圈點。正文與今本不同，開口即云「後漢靈帝崩」云云，無「天下大勢」舉文。一回雖二題，但題不全。卷端一題已了，再出一題。每卷後亦有總評數段，但不如金聖嘆之多耳。每回開端多直起，無「却説」二字。

青泥蓮花記

題「江東（樓）［梅］禹金輯，從弟（海）［梅］誕生校」。所述皆妓女故事，每段注所出書。有「金星軺藏書記」（小朱方）、「購此書甚不易」（白方）。

高僧傳

宋刊本。單框，綫口，雙魚尾。十三行，二十三、四、五字不等，注字數加多。上有字數。

人天眼目

宋釋越山晦巖智昭撰。明嘉靖覆宋刊本。十一行，二十字。前有淳熙戊申自序，後有寶祐戊午慈雲住山物初大觀跋。佛氏書也。

攝大乘論卷四

宋刊。梵夾裝。半頁六行，十七字。經背有題字一行：「大德十年翻經（北）〔比〕丘僧道政將此功德答報生身父母二（虚）〔靈〕生天見佛者。」

蒙山施食一卷

字蹟甚古，當是宋寫本。羅紋紙，非元明所有也。半頁八行，每行十五字，字大如楊梅。

淨土文

元板。單邊，小黑口，雙魚尾。八行，十七字。字體如趙松雪。

永嘉真覺大師證道歌

舒州梵天沙門彦琪注。弘治十七年黑口本。

禪宗諸祖歌頌一卷

黑口本，約明初刻。半頁十一行，行二十字。單框，單魚尾。末頁有：「古汴大相國寺參學沙門圓賢率諸師者録集諸祖歌頌刊板流通，聊助佛祖慧命，以便來學者歟。本山侍者義堅發心書。」

諸佛世尊如來菩薩尊者名稱歌曲

不分卷。全書二百四十八頁，序目圖跋三十一頁，合裝一册，蓋猶明裝也。永樂刊，小字本。半頁十六行，每行三十一字。黑口，雙魚尾，雙框。板高約九寸，闊五寸餘。前有佛像二頁，甚精細。序跋不著作者，但署「永樂十五年四月十七日」。

西番貝葉梵文經

梵書，刻貝葉上。每葉長一尺七八寸，闊寸五。共二百八十八葉。

佛頂心觀世音菩薩大陀羅尼經三卷

上卷經文，下卷《觀音救難神驗》，中卷《觀世音菩薩療病催生方》。上卷前有佛像，中、下卷前均有圖繪、故事等。梵夾裝，袖珍本。板心高二寸强，闊一寸强，略如雷峯塔經。半頁五行，行十字。字、圖均粗而古，最近當爲元刻。

湖州雙髻禪師語録一卷杭州天目山師子禪院語録一卷示禪人語一卷

元本。釋高峯禪師撰，參學門人編。半頁十行，二十字。小黑口，雙框，雙魚尾。前有性存居士家之巽序（「□家之巽」、「家氏□義圖書」、「性存書院」），元貞二年比丘淨自序（「圓應」、「東岩」），至元丁亥絶岸老衲可湘序（「可湘」、「絶岸」、「正續弌源」）。

藏印有「姚氏舜咨圖書」、「宣文閣監書畫博士印」、「毛晉私印」、「子晉」、「松陵史明古收藏書畫記」、「子孫永保之章」（以上均朱方），「小安樂窩」（白方）、「劉履芬印」（白方）。

老子鬳齋口義二卷

南宋本。十行，二十一字。小黑口，雙魚尾。「濮陽李廷相書（屋）〔畫〕記」（朱長方）、「孫氏萬卷樓印」（朱方）、「臥雪廬袁氏藏書」（朱方）。

蘇子由注老子二卷

錢罄室手録本。蘇轍注。有「叔寶」（白方）、「文彦可」（朱方）、「謝林邨氏珍藏書畫」（朱長方）、「沿州」（朱方）、「沿州私印」（白方）。後有「大觀二年十二月十日子由題」，又「十二月十一日子由復題」二跋。

錢罄室手録本。有「叔寶」、「文彦可」、「謝林邨氏珍藏書畫」、「沿州」、「沿州私印」諸記。案罄室本遊文待詔門下，平時遇奇書必手録，故此册爲文氏藏。向見吾鄉范氏天一閣藏書，亦有抄本《子由注老子》，蓋焦弱侯未刻以前，此書傳本固甚少也。此本與焦刻不知有無異同，惜篋中無《兩蘇經解》，不得取而校讎。其所見本必甚古，更惜畢氏作《老子考異》時，亦未見此本也。漫題數語，以識眼福。丁巳閏二月十九日，上虞羅振常。

老子纂圖互注道德經二卷

黑口本。又《列子》，行款同。似明初刊本。半頁十一行，每行二十二字，注二十五字。小黑口，雙框，雙魚尾。前有圖三（混元三寶之圖、初真内觀靜定之圖、金丹之圖）。孫星衍藏書。「孫星衍印」（白方）、「東魯觀察使者」（白長方）、「孫忠愍侯祠堂藏書記」（大朱方）。

關尹子一卷

楊升庵評點。前有升庵序。後有題識二行：「天啟乙丑冬日武林張氏横𥟐閣藏板」，八分書。九行，行二十字。張懋寀校梓。

南華經十卷

嘉靖刊。大字本。半頁八行，行十七字。與世德堂本形式全同。但書口下方有「桐陰書屋校」五字，分中寫。

莊子鬳齋口義十卷

宋本。鬳齋林希逸序，景定辛酉三衢徐霖景説跋。小黑口，雙魚尾。半頁十行，二十一字。有「廷珍之印」（白方）、「瑟闇氏」（朱方）。

京本標題鬳齋注解三子口義

明覆元。《老子》二卷，《列子》八卷，《莊子》三十二卷。明陳氏積善書堂刊本。半頁十行、十一行不等，大字行狹，小字注行寬。小黑口，雙魚尾，雙框。前録洪氏《讀書叢録》，稱此爲覆宋，每行十九字，注同。有「海寧陳鱣觀」（朱狹長方印）、「簡莊藝文」（朱長方）、「得此書」云云（白長方）、「臣顧錫麒」（朱方)、「謏聞齋」(白方)、「竹泉珍秘圖籍」(白方)。又有顧氏大木記如下：

「昔司馬温公藏書甚富，所讀之書，終身如新。今日讀書，恒隨手抛置，甚非古人遺意也。夫佳書難得易失，稍一殘缺，修補甚難。每見一書，或有損壞，輒憤惋浩歎不已。數年以來，蒐羅略備，卷帙頗精。伏望觀是書者，倍宜珍護，即後之藏是書者，亦當諒余意之拳拳也。謏聞齋主人記。」(九行，每行十二字，末行缺一字。)

《莊子》後附《釋音》一卷，有景定改元中和節宣(夏)[教]郎知邵武軍事建寧縣林經德後序。後有牌子曰「萬曆肆載歲次丙子孟春上浣之吉，陳氏積善書堂崑泉子梓」，共三行。《列子》有劉向上書序。

「姚氏天美樓藏書，無少葉，無倒葉，無疊角，無黏漿以爲法」。(三行)

「池蓮脱瓣，乘(穌)[鮮]置書葉中，永無蟲患。姚氏質侯堂山房秘驗」。(三行)

文中子十卷

阮逸注。嘉靖四年鄭慶雲刊。前有逸序，後有嘉靖四年鄭慶雲《刊文中子序》。

周易參同契發揮三卷(上中下)釋疑一卷

題「林屋山人全陽子俞琰述，宣德三年朱文斌刊」。黑口，三魚尾。十行，二十字。宣德三年國子助教三山陳陵序，朝請郎秘書監兼尚書左右司阮登炳序，林屋洞天石澗真逸俞琰玉吾序。《釋疑》亦琰撰。

《參同契發揮》，莫子偲云宣德三年刊本最善（見《郘亭書目》），即此本是也。戊午正月元宵後三日，上虞羅振常觀于蟫隱廬并記。

雲笈七籤

宋梵夾大字本。單框。每板三十行，行十七字。右框有書名及刻工名。

太上感應篇

宋刊本。單框，雙魚尾。十二行，二十一字。每頁書口有「某人助」數字。

道藏目録四卷

明冶城白雲霽詳注。江都秦氏刊，巾箱本。有「澗蕢」（白長方）、「顧廣圻印」（白方）。顧千里朱筆手校本。《跋道藏經目録後》一首。顧跋：

《道藏經目録》四卷。在「英」字號，蓋正統刊刻時所編，故列於末。其後萬曆丁未張國祥編以下「杜」至「纓」二十四字號，謂之《大明續道藏》，《目録》亦附焉。予所見全藏凡三：吾鄉之玄妙觀、杭州之火德廟、江寧之朝天宫，皆正統本。而朝天宫則借其欲抄欲校者尤多，此《目録》亦自彼抄得者也。又白雲霽有注本，較便尋閲，江都秦澹生太史曾刊行，予取以相勘，注本頗有譌脱。如「洞玄部」少「惟」、「鞠」兩字號之類，恐出傳抄所致。白雲霽身在冶城，其見目録即此，不當有異也。然無庸輒相補足，莫如别刊之而并行，庶讀者各有所考。爰以寄太史，且書其後如此。元和思適居

士顧廣圻。(此跋朱筆)

道光丁亥閏月,同吳有堂游城隍廟前。至陶五柳家,見架上有抄本此目。首列二序似較秦刻爲善,因取之。復檢舊所校,并屬有堂重勘焉。思適居士書。(此墨筆跋)

善本書所見録卷四

上虞　羅振常子經撰

集部

陶靖節集十卷

嘉靖彈琹室刊本。九行，行二十字。書口下方有「彈琹室」三字。

陶靖節集

緑君亭刊本。不著卷數。但每類各自起頭，計詩一、文一、四八目一（即《聖賢羣輔》）。附《參疑》一卷（即校勘各本）、《雜附》一卷（乃雜考淵明逸事及論其詩文者）。附二卷題「東吳毛子晉參定」。詩文則曰「□□毛子晉重訂」。書口下方有「緑君亭」三字。

沈隱侯集四卷

明檇李沈啟原輯。萬曆刊。前有萬曆乙酉雲間張之象玄超序（沈遂初先生已刻《謝集》，而秣陵焦子弱侯序之矣。兹再刻《沈集》，屬張子題諸首簡。）次《梁書》本傳，次《詩品》，每卷題「梁吴興沈約撰，明檇李沈啟原輯、沈啟南校」。大字。九行，行十八字。書口下有刻工姓及字數。正文下每有校記「一作某」云云。

《沈隱侯集》四卷，明沈啟原校刊。以張溥本㸃校，互有詳略，然排次篇目截然不同，兩校之則以此本爲古。約爲梁人，于應制等文，不當著國號。此本於齊著之，梁則不著。張本則有齊、梁兼著，純是後人妄加。即此一端，可見此本之善。約集宋時尚二十五卷，其後乃佚。沈、張既各有輯本，安得如《江文通集》，合兩家而重編一完善之本乎，是有望于海内風雅之士。

張説之集二十五卷

明抄。黑格，字似明人書。十行，二十字。有「汪士鐘藏」（白長方）、「于氏小謨觴館」（朱長印直行）、「于昌進鑒藏」（白長方）。黄跋：

歲入己巳，諸事攖心，舉向日聚書之興，委諸度外，即自問亦不知何以若是之落寞也。頃偶從胥門書坊見插架有抄本《張説之文集》籤，取視之乃舊抄者。攜歸與明刻對勘，實多是正，可謂新年極得意事，或天將誘予無廢故業乎？命工重裝，俾唐人集部又添一善本云。二月九日春分節後，復翁黄丕烈。

張説之文集二十五卷

前有永樂七年伍德序。序後有「嘉靖丁酉冬十月朔日椒郡伍氏龍池草堂家藏本校刊」小字一行。

白口。

分類補注李太白詩二十五卷

元刊本。每半頁十一行，行二十五字。末有「庚辰歲孟冬月安正書院新刊」牌子。有「喬從哲印」、「喬密之」、「喬光曾字李揚」、「秀水莊氏蘭味軒收藏印」諸印。

集千家注批點杜工部集二十卷

前有大德癸卯廬陵劉將孫尚友序，須溪之子也。次爲《年譜》，每卷次行題「須溪先生刻，會孟評點」。白口，雙魚尾，冂內空心，單框。半頁十行，行十六字，注同。板式古雅，殆明翻元刻也。

草堂先生杜工部詩集

宋刊本。單框，雙魚尾，線口，下有字數。半頁十八行，二十字。每題下有「幾年幾月」字。

黃氏補千家集注杜工部詩史三十六卷

宋刻。寶慶丙戌吳文跋，寶慶二年董居誼序，杜子美傳序碑銘，集注杜工部詩姓氏一百五十三人，次目録。卷端題「前劍南節度參謀」云云全銜「杜甫子美撰」，次行「臨川黃希夢得補注」，三行「臨川黃鶴叔似補注」。線口，上下魚尾。半頁十一行，每行大十九字，小二十五字。「五硯樓」（朱方）、「完顏景賢精鑒」（朱方）、「東吳毛晉」（朱方）、「字子晉」（白方）、「毛姓秘笈」（白方）、「琴川毛氏珍藏」（朱大方）、「虞山毛晉」（朱方）、「廷檮之印」、「袁氏又愷」（并朱方）、「五硯樓袁氏收藏金石圖書印」（朱方）。

杜工部詩集二十卷

朱鶴齡注，沈學子録王漁洋評點。此漁洋山人點定杜詩真本，自少至老，凡三易筆，其别朱、墨、藍。舊在德水田山薑家，秘不示人。盧雅雨先生與其子遊，倉皇紿得，僅用墨筆録出，漸有圈抹中側之異，可以意得也。甲戌冬十月，偶客運署，借鈔既竟，因記緣起。吾友惠徵君定宇亦深歎賞，以爲江東流傳本皆不及云。沃田學人沈大成跋於蕪城旅館。

杜詩附記

稿本，題「大興翁方綱學」。所見爲第十六卷，有「蘇齋」（朱長方）、「覃溪」（朱方）二印。真楷似覃溪，或謂其子某所書也。每詩句下注各本異同，後低一格爲評語。眉上時有評，則草書，確爲覃溪筆也。前有識語：

麻姑之爪可搔癢，陳琳之檄可以愈風。丙子六月二十一日，左足跌患不能伸動，誦此册偶記。

（「翁方綱」方印）

王右丞詩箋詩集十卷文集四卷外編一卷

前有東林之迂客顧起經小引，引後有「嘉靖三十四年涂月白分錫武陵家塾刻」一行。次凡例，凡例後有「丙辰秦孟月晦刊」。次《進王右丞集表》及《唐書》列傳、世系，次年譜。年譜後有牌子二行「丙辰孟陬月得辛日錫山／武陵顧伯子圖籍之寫刊」。次目録，後有校閲人姓名（十九人），後又有「歲丙辰中春上旬顧氏奇石清漣山院刊」。每卷皆有刊刻日月，每卷題「類箋唐王右丞詩集卷之□」，次「唐藍田王維撰，三宋盧陵劉辰翁評，明勾吳顧起經注」。嘉靖刊大字本。棉紙。九行，十八字。《唐諸家同詠集》一卷，《唐諸家贈題集》一卷，《歷朝諸家評王右丞詩畫抄》。「無錫顧氏奇字齋開局氏里」。

顔魯公文集十五卷

嘉靖刊。大字本。每卷次行題「山海劉思誠刊」一行。前有劉敞序，嘉靖二年楊一清序。

須溪先生校點韋蘇州集十卷拾遺一卷

宋刻。前有草堂廬陵劉辰翁序二頁（序後有「須溪」等木刻四印），次嘉祐元年太原王欽臣記二頁，次目録三頁。綫口，上下魚尾。十行，十六字。書口字數，或有或無。評在每句下。宋諱概不缺筆。板框較巾箱本略大，而較普通本小。高五寸弱，半頁闊三寸强。初印甚精。

序　「振宜珍藏」（朱方）、「雪莊張氏鑒藏」（朱方）、「大興張文古家藏」（朱大方，闊边似官印）、「御史之章」（白方）、「神」「品」（朱方二）、「滄葦」（白方）、「深省堂」（朱方）、「吴石湖珍藏印」（朱長方）。

卷一（十五頁）　「神」「品」、「季振宜印」（皆朱方），「張奎」（朱小長方）、「漢文」（朱方）、「曉山」（朱方小印）、「牧齋」（朱方），「新安吴氏」、「小南私印」（并朱方，乃一人），「神品」、「雪莊張氏鑒藏」。

卷二（十七頁）　「漢文」、「曉山」。

卷三（十六頁）　「秋槎」（朱長方），同前者不録。此卷書口號碼第二頁即接第十六頁，而詩卻接續，較目録并不少。

卷四（十九頁）
卷五（二十一頁）
卷六（十七頁）
卷七（十九頁）
卷八（十六頁）
卷九（九頁）
卷十（八頁）
拾遺（三頁）　「王澤」、「子卿私印」（并朱方，乃一人）。

每卷第二行題「蘇州刺史韋應物」。

《拾遺》後有德祐初秋須溪題記，合論蘇州及孟浩然詩格，共七行。後又有「孟浩然詩陸續梓行」二行，每行四字。

翰苑集

明刻。萬曆三十年竇唐吴道南序，權德輿序，《進奏議劄子》，《淳熙講筵劄子》，《紹興十一年進奏議表》。宣德三年三衢金寔《奏議》序，天順元年同郡項忠藎《奏議》序，弘治十五年華亭錢福《奏議》序，嘉靖丁酉秀水沈伯咸《文集》序，萬曆九年知廉州府事葉逢春《奏議》序。全書《奏議》七卷，《奏草》七卷，《制誥》十卷。後有王世貞《讀陸宣公奏議説》，萬曆丙午二十七世孫刑部員外郎基忠跋。每卷末有「二十七世孫基忠校梓」一行。

乃大字本。半頁九行，行十八字。

唐陸宣公集二十二卷

明初刻。半頁十一行，行十九字。汲古閣藏。前有權德輿序，至大辛亥嘉興博士厲一鶚序，元祐八年五月七日《本朝名臣進奏議劄子》。黑口。前有小像。目後有牌子：

「至大辛亥秋教官厲心齋奏／總管王公子命重新繡梓／詳加校訂任其責者學正四／明陳沆學録毗陵蔣騰孫路／掾盧陵易偉也／監督直學張天佑馬元祺／學吏程泰孫施去非」

有毛氏藏印：「汲古後人」（白方）、「西河季子之印」（朱方）、「汲古閣」（朱中方）、「毛晉之印」（朱方）、「古虞毛鳳苞字子九章」（朱方）、「子晉父」（白方）、「雙清」（朱長方）、「臣印毛晉」（朱小方）、「毛印鳳苞」（同上）、「汲古閣主人毛晉之印」（小白方）。

唐陸宣公集二十二卷

首權德輿序，次《本朝名臣進奏議劄子》。目録末頁有牌子，經挖除，蓋至大本欲充宋本也。半頁十行，行十七字。白口，單魚尾，大字，頗類宋刻，但書口上方無字數，下方偶有刻工名氏，宋諱均不缺筆。

韓文考異

明初刊。黑口。半頁十三行，行二十三字。抱經堂藏本，前有周星（貽）［詒］題識。有「盧氏藏書」（朱長方）、「文弨讀過」（朱方）、「數間草堂藏書」（白長方）、「果親王府圖書記」（朱長方）數印。

朱文公校昌黎先生集四十卷

元刊元印本。每半頁十行，行二十一字。有「山陰祁氏淡生堂」、「虞山張蓉鏡鑒定宋刻善本」等印。

朱文公校昌黎先生外集十卷遺文一卷集傳一卷

宋刊本。半頁十二行，行二十一字。單框，雙魚尾，線口。字體似宋，板式一切類元（人及白文）。「絳雲樓」（白方）、「天禄繼鑑」（白方）、「乾隆御覽之寶」（朱腰圓）、「天禄琳琅」（朱方），上下書衣有「五福五代堂寶」、「八徵耄念之寶」、「太上皇帝之寶」。

昌黎詩抄二卷

錢湘靈朱筆、黄筆評點。有「錢陸燦印」（白方）、「湘靈」（朱方）二印。上卷後有「乙丑仲冬二十七日夜閲」朱□一行。此爲毗陵楊大鶴芝田選刊。芝田别有《香山詩抄》、《放翁詩抄》，惟《放翁詩抄》流傳最廣，蓋韓、白集卷帙少，人可得其全集，放翁詩多至數十册，且除汲古閣本外無他刻，得之不易，不得已而讀選本，非其陸詩選別獨精也。此本錢湘靈除評點外，并校改其字畫，知乃初刻成時楊氏托爲校正者。用開化紙印，雖尋常刻亦有精采，故書不可不取初印也。

增廣注釋音辨唐柳先生集四十三卷別集二卷外集一卷附録一卷

元刊本。前有乾道三年十二月吴郡陸之淵《柳文音義序》，次乾道丁亥臘日雲間潘緯序，次「諸賢姓氏」，次劉禹錫序，次《年譜》。半頁十二行，行二十一字。綫口，雙魚尾。

增廣注釋音辨唐柳先生集四十三卷別集二卷外集二卷附録一卷

元刊本。黑口。每半頁十三行，行二十三字。

增廣注釋音辨唐柳先生集四十三卷別集外集各二卷附録一卷

黑口本。題「南城先生童宗説注釋，新安先生張敦頤音辨，雲間先生潘緯音義」，共三行。前有乾道三年吴郡陸之淵《柳文音義序》，次劉禹錫《柳先生文集序》。半頁九行，十八字。雙框，雙魚尾。其注釋「諸賢姓氏」（九人）後，有「正統戊辰善敬堂刊」白文木戳一行。

河東先生集

前有庚戌夏孟清源、吕圖南重刻序，又序不署名，殆亦吕也，劉禹（僑）［錫］序。半頁九行，行十七字。似隆萬刊。板心及字與郭刻大小略同。

劉賓客文集三十卷

校宋本明刻。白口。半頁十行，每行二十字。前無序。每卷題「劉賓客文集卷第□」，次爲本卷目録，而書口上方每頁有「中山集」三字。黄丕烈朱筆校後十卷，其前亦間有以他本校者。有黄氏手跋。

第一卷第一行有朱筆「校宋本」三字。藏印有「汪士鐘藏」(白長方)、「蕘圃手校」(朱方)。第一卷第二行題「正議大夫云云劉禹錫」全銜。□又有「小謨觴仙館」(白方)、「不夜于氏藏書印」(朱長方)。黄跋：

辛酉秋月，從書坊觀汪氏開萬樓書。有舊抄本《劉夢得文集》四册，卷第皆後人以意補寫，辨其筆跡，非原抄之舊矣。携歸，校于明刻《中山集》上，按其卷第，爲此刻二十一至三十，然未可據此正彼，亦未可據彼正此，各存面目可矣。其餘爲《外集》一至八，因有影宋本在，明刻《中山集》所無，故未之校。即此十卷，略存佳者，以備參考，然亥豕甚多，脱誤不少，無足取也。因是舊抄，故存其異。

校畢書，蕘圃。

唐李文公集十八卷

前有本傳，次歐陽修《讀李翺文》，下接目録。題誌十八卷，凡一百三首(二首原缺)。其後則題「李文卷第□」，又列本卷三目(如賦幾首，□賦、□賦、□賦)。半頁十行，行十九字。有「池北書庫」(朱長方)、「國子祭酒」(朱方)二印。各卷號碼連接，計卷一至十八共一百五十六張。寬黑口，雙框。

孟東野詩集十卷附韓孟聯句一卷

嘉靖秦氏刊。景定壬戌九月閬風舒岳祥序，常山宋敏求序，嘉靖丙辰武康縣知縣無錫秦禾序。每卷端題「唐山南西道節度參謀試大理評事武康孟郊著，明進士文林郎即知武康縣事無錫秦禾重刊，曾孫秦伯領、秦鎡藏板」三行。半頁九行，十八字。

昌谷詩注四卷

桐城姚文燮經三評注。前有自序，錢澄之、宋琬、黄傳祖、陳焯、何永紹、方拱乾諸序。姚伯昂藏書，有伯昂朱筆批，及「姚氏收藏」（白方方印）、「小紅鵝館」（朱方）、「元之之印」（半白半朱方印）、「竹葉亭長」（朱方）、「黄柏山樵七世孫」（朱方）、「桐城姚伯昂氏藏書記」（朱長方）諸印。

李長吉詩集四卷外集一卷

元本。小黑口。九行，十八字。黄蕘圃以宋本校，有題款數處，曰「以馮藏影宋本校金本，復校宋本二」。十行，行二十八字（宋本題《李賀歌詩篇》）」。後題詩一首。

李長吉歌詩四卷外集一卷

明末刊。西泉吴正子箋注，須溪劉辰翁評點。

白樂天文集三十六卷

半頁九行，行二十字。末卷爲《年譜》。趙字。三魚尾，白口。前有德祐元年序，不著名。後亦挖除。有「萬卷樓圖籍」（朱長方大印）、「璜川吴氏收藏圖籍」（朱方）。第一卷第二行有「浙東觀察使元稹微之纂集」一行，次行挖除。有「顧嗣立印」（白方）、「俠君」（白方）。

丁卯集二卷

影宋本。十行，十八字。每卷首題「丁卯集卷上（下）」，次行題「郢州刺史許渾」。有「述古堂圖書記」、「秘本」、「墫印」、「顧西津」、「錢曾之印」、「遵王」、「（敕）［陳］墫印」、「復初氏」、「陳氏西畇草堂藏書印」、「紅葉書寮」。

笠澤叢書四卷補遺續補遺各一卷

舊抄本。顧千里手校本，有跋。前有《陸魯望文集序》，元符庚辰仲秋月郫人樊開撰。有「顧千里經眼記」印（朱文長方）。硃、墨筆校。後有「顧印千里」印（方，半朱半白）。

白蓮集十卷附風騷旨格一卷

舊抄。前有「天福三年荆南節度副使朝議郎提校秘書少監試御史中丞賜紫金魚袋孫光憲序」（序多缺字）。有朱、黄批校。朱校并圈點，據義門跋謂是馮定遠。然每卷多有朱、墨署名，卷三署「馮班」，卷四署「馮彬」，六卷署「馮彪」，七卷署「馮賁」，八卷署「馮斑」，九卷署「馮斑」，《風騷旨格》署「馮彪」。九卷及《風騷旨格》目録後有柳大中題記五行。藏印有「上（邨）［郮］」（朱方）、「汪士鐘藏」（白長方）、「錢曾之印」（白方）、「漢印」（朱長方）、「光宇」（朱方）、「文登于氏小謨觴館藏本」（白長方）、「彭城」（朱橢圓）、「一字虎」（鬲）（馮彪、馮斑下皆有此印）、「忠孝之家」（朱圓，作錢形中有孔）、「上（邨）［郮］馮氏私印」（朱方）。

柳跋：

陳氏《書録解題》云：唐僧齊己《白蓮集》十卷，《風騷旨格》一卷。今兼得之，爲合璧矣。元書北宋刻，傳世既久，湮滅首卷數字，尚俟善本補完，與《皎然》、《貫休》三集並傳。嘉靖八年歲己丑金閶後學柳僉謹誌。

《白蓮集》十卷，定遠先生所手校，後轉入錢遵王家，蔣子揚孫得之以贈予。余書素無善本，一旦得此書，遂居其甲，喜而識其所識。康熙壬申六月何焯書。

此本乃定遠少年時所閱，雖優於汲古閣刊本，然亦未有宋刻精校。康熙戊子，復借錢楚殷架上牧齋舊藏本參校，此集庶爲善本，可資後來學吟者涉獵矣。長至後五日燈下，焯又書。

徐公文集三十卷

舊抄。黄蕘圃校本。末有「嘉慶庚申秋七月二十七日用影宋大字本校訖」題識，有「蕘圃手校」朱文方印。《行狀》之後有蕘圃跋：

余向欲蓄《徐騎省集》，即新抄本亦不多得。既聞吳枚庵茂才貧而蓄書，遇善本多手抄者。訪之，已質他姓。多方往求，始得一見。末有跋語，是金侃亦陶者，云此書錢宗伯從宋大字本縮爲小字録出。擬借抄，苦其多而未就，已置之矣。後從香巖周氏讀及是書之有影宋大字本，遂丐歸展讀。適書友自錫山故家收得抄本，較吳本頗舊，行款亦與影宋本大同小異，爰竭數日功手校其誤。雖縮本仍然，而宋本面目約略可見。宋本亦有訛脱，抄本間有空格處，當是按其文義以意存疑者。時悉據宋本校勘，不敢輕易。佞宋之譏，識者諒之。宋本遇宋諱避之甚嚴，知宋本確然可信，而影寫者纖悉遵之，知非貿貿傳録之本矣。嘉慶庚申七月白露節後七日書于聯吟西館，黄丕烈。「黄丕烈」（白文）。

宋王黄州小畜集三十卷

舊抄傳宋。前有紹興丁卯皇上祀紫壇之明年六月庚申歷陽沈虞卿序。序後有「雕板原起」及册數、板數、紙墨工料計數，與校勘人姓名（共八人），皆有全銜。藏印有「楊復吉印」（白方）。

范文正公集二十卷别集四卷

宋本。十二行，二十字。書口上有字數。《别集》後有淳熙丙午十二月郡從事北海綦焕跋，稱「鄱陽郡齋州學有《文正范公文集奏議》，歲久板漫，判府太中先生捐公帑刊補，又得詩文三十七篇，爲《遺詩》附於後」。次有「嘉定壬申仲夏重修」一行，次有宋鈞、趙伯櫶銜名二行。線黑口，雙魚尾。

范文正公集二十卷别集四卷補遺一卷

宋槧。十二行，二十字。中字大板。線口，雙魚尾，書口上記字數。《别集》末頁有淳熙丙午十二月郡從事北海綦焕跋，稱「鄱陽郡齋州學有《文正范公文集奏議》，歲久板漫，判府太中先生捐公帑刊補，又得詩文三十七篇，爲《遺詩》附［於］後」。次有「嘉定壬申仲夏重修」一行，次宋鈞、趙伯櫶銜名二行。

司馬文正公集略文三十一卷詩七卷

嘉靖刊。嘉靖乙酉潛江初杲序。「枝山祝氏」（白方）、「吳下阿蒙」（朱方）。

南豐先生元豐類稿五十卷

隆慶刊本。前有《讀元豐類稿序説》，有像贊。有隆慶五年邵廉序，即刊書者。元豐八年三槐王震序，羅倫序，成化六年王一夔序（皆謂「南豐令南靖楊參刊」）。每題名次行下方有「南豐後學邵廉校刊」一行。

鐔津文集二十二卷

黑口本。前有熙寧八年十二月五日尚書屯田員外郎陳舜俞《鐔津大師行業記》。每卷端題「藤州鐔津沙門契嵩撰」。黑口，雙框，雙魚尾。十行，十九字。字體如趙松雪，仍是永樂本面目。後有弘治十二年雲山廣源《重刊鐔津集後序》。第二十二卷爲附録，最末一首爲永樂八年沙門文琇重刊序，故知爲覆永樂本。如抽去弘治序，則即可認爲永樂本矣。

伊川擊壤集殘本十二卷

宋本。存卷四至十、十四至十八。半頁十行，行二十一字。細黑口，單框，左右雙欄。雙魚尾，上魚尾下記書名「壤上」、「壤下」，下記號數，下端記刻工名一、二字不等。字體瘦秀。闊簾羅紋薄皮紙。有「毘陵周氏九松迂叟藏書記」（朱長方）、「周良金印」（朱方）、「沈慈之印」（朱方）、「玉行」（白方）、「曾在雲間歗園沈氏」（朱長方）、「藕香水榭」（朱長方）。此書配補明刻卷十一至十三、十九至二十，乃翻刻宋本，行款全同，字體亦仿之。其「壞」與通號，一如宋刻，但板式微大，單框改爲雙框，與黑口較闊耳。下傅氏跋：

此書見著録者，《天禄後目》及《愛日精盧》有元刊本，《海源閣》、《鐵琴銅劍樓》有宋本。《楊目》題《康節先生擊壤集》十五卷，十三行，行二十二三字，編次標題均與各本不同。楊氏稱爲北宋本，然據蔡氏弼題語，仍從二十卷本重編者，則其在二十卷本後可知，謂爲北宋本，未之敢信。瞿氏二十卷本爲張芙川舊藏，行款字體與此本正同。芙川别有殘本，得之士禮居，《百宋一廛賦》所謂「證擊壤於泰興」是也。余于辛亥嘉平見之滬上，宋刻存三至六卷，元刻存十一至二十卷，一二卷季氏舊抄，餘則從愛日精盧元刻抄補，後歸南潯張氏。考此集經明人竄亂，盡失舊觀，非得宋本，無從□正。蕘圃舊藏，昔雖遇之，而一瞥即逝，不可復追，至今耿耿。癸「亥」除夕，得此於琉璃廠之文英閣，蓋新購之吴興張渭漁家。雖不敢比瞿楊，而視蕘翁所藏卷數兩倍之，不得謂非夙緣奇遇矣。是夕傅增湘記于藏園。

節孝先生文集三十二卷

覆宋刻。封面有「依宋本刊」及「錫山王氏藏板」字。康熙辛丑錫山王邦采序（草書，半頁四行），至正十二年門人胡翰序（大字，半頁七行），承仕郎太常博士東陽胡助序（同上），淳祐庚戌王夬亨序。次目録。半頁九行，十八字。宋諱皆缺筆。書口上有字數號碼，多行書。附《語録》一卷《附載》一卷。

此康熙中錫山王氏覆宋刊本也。向聞南山陽田氏藏宋本《徐節孝集》，恨未得見。歲壬子，自東瀛返淮安，適田君魯璵亦自山左返里，因介人求觀。田君慎重出之，刻印絶精，宋諱悉缺筆，然知非宋本。主人見余踟蹰，叩其故。予告以此非宋刻原書，乃國初覆刊耳。主人以品者既多，咸曰宋本，斥爲妄。予笑而謝之。然此覆刊本絶少見，亦無由證其非宋刻。丁巳仲冬至歷城，復見此本，初展卷疑即田氏物，既觀前有錫山王邦采序，而田本無之，知爲兩書，而刻本則一。蓋田本爲書賈將王序□除，僞作宋刻，博數百金，田君不能辨也。此本印工與彼相埒，而紙眉寬闊，則出田本之上，楮墨古舊，雖非宋刻，亦可謂下真一等，可寶也。予既幸前説不謬，而不得就田君質之，殊爲憾耳。上虞羅振常誌于上海之蟫隱廬。

嘉祐集十五卷

嘉靖本。半頁十行，二十一字。後有嘉靖壬辰知太原府事張鏜刻書跋，稱「爲侍御南澧王公按晉時，出是帙命太原府翻刻」。「余從先印」（白方）、「鄭氏注韓居珍藏記」（朱長方）、「鄭（赤）［杰］之印」（白方）、「蔣香生氏秦漢十印齋收藏記」、「莒□香生蔣鳳藻秦漢十印齋秘篋圖書」。有周季貺題識三則：

辛酉秋月同譚仲儀散步南後街購得。星（貽）［詒］記。

勉熹堂藏書善本。

壬戌夏中讀二過，手録《權書》、《衡論》各一通。詒記。

蘇詩補注

紀文達批本。

宋孝宗《御製蘇文忠公文集[序]》後批云：「此乃全集之序，中間未嘗顯言詩，不必列之詩集之首。緣初白先生但有凡例而無序，後人刊板時，始取此弁之耳。」此河間紀文達公手批《蘇詩補注》也。咸豐甲寅夏六月，書賈覓售，翻閱一過，翌日屬陳浙生代購得之。閒健齋主人識。

有「河間紀昀」（朱方）、「許乃普印」（白方）、「（慎）[滇]生」（朱方）、「紀曉嵐圖書記」（朱方）、「許氏（慎）[滇]翁所藏」（朱長方）、「觀弈道人」（朱方）。

山谷黄先生大全詩注

宋本。殘。單框，小黑口，雙魚尾。十一行，二十字，注二十四字。書衣有「永樂二年七月二十五日蘇叔敬收到」一行。後有黄跋：

余鄉舉後……

豫章黄先生文集

宋本。殘。九行，十八字。單框，單魚尾。字樸厚，皮紙光潔而厚如日本紙。另《外集》書口下刻書名。有「汪士鐘藏」（白長方）、「山谷」（白方）。《外集》後有黄跋「此家豫章《外集》」云云。「汪振勳印」

（小白方）、「某泉」（白朱方）。

後山詩注十二卷

前有《彭城陳先生集記》，政和五年門人彭城魏衍撰。次目録，附年譜，天社任淵題記。黑口本，白皮紙。十三行，二十三字。「葉氏養怡堂藏書」（朱圓）、「錢樵」（白方）、「稽瑞樓」（白長方）、「嵇璜印」（白方）。

後山先生集三十卷

黑口本。前有弘治十二年王鴻儒序，政和五年門人彭城魏衍《彭城先生集記》。政和丙申元城王雲題記，天社任淵題記。每卷端有題名四行：「彭城陳師道履常著／茶陵陳仁子同滽編校／後學南陽王鴻儒懋學重校／後學彭城馬暾廷震繡梓。」

半頁十一行，二十字。卷三十末頁有「潞州儒學廩膳生郭銘繕寫」一行。有「沈伯穀印」（白方）。

宛邱先生文集七十六卷

舊抄本。宋張耒撰。王述庵藏，有「經訓堂王氏之印」（朱方）、「外服儒風内宗梵行」（白方）、「王」「昶」（朱方小印二方）、「秋官侍郎」（朱方）。

淮海集四十九卷

《淮海集》四十卷，《後集》六卷，《長短句》三卷。嘉靖刊本。十二行，二十一字。前有嘉靖己亥張綖序，後有跋語。「紅葉山房收藏私印」（朱長方）、「張印載華」（朱方）、「佩兼」（白方）、「芷齋圖籍」（朱方）、「古塩張氏」（朱方）、「松下藏書」（朱長方）、「元龍」（朱方）、「魯良甫」（白方）。目後有「嘉靖己亥孟秋刊」一行，每卷後有「郡後學張綎校正」一行，《後集》末有謄寫吏、刊工姓名七人。

淮海集

宋刊本。單邊，單魚尾，字數，刻工。十行，二十一字。

具茨先生詩集不分卷

抄本。前有紹興十一年陵陽俞汝礪序，末有「慶元己未校官黃汝嘉刊」一行。十行，二十字。《倚松老人集》後亦有此一行，行款字數亦同，蓋從明寶文堂本影寫。

具茨晁先生詩集一卷

明覆宋刻。前有紹興十一年陵陽俞汝礪序。十行，行二十字。白口。書口魚尾上有「晁氏寶文堂」五字。馬氏道古樓舊藏，有「寶靈通馬之復」（白長方）、「復其見天地之心乎」（朱長方）、「寒□書屋」（白方）、「之復」（朱方）、「心陽印」（白方）、「南樓」（白方）、「華山主人」（朱方）、「孟陽」（白方）、「心陽私記」（白方）、「寶靈通」（朱方）、「負耒横經」（朱方）、「空山無人水流花開」（白方）、「吉金樂石齋」（朱方）、「質茂氣昌」（朱長方）諸印。末有「慶元己未校官黃汝嘉刊」一行。

馬思贊，字仲安，又字寒中，號衎齋，又號南樓。監生。工詩及書，所居道古樓，插架悉宋元舊本，爲東南藏書之冠。

馬之復，思贊子，字心陽，號養微。有《養微詩集》。

馬之履，之復弟，字元考，號眷春。有《眷春詩集》。

馬之咸，思贊從子，字積高，號省齋。諸生。有《省齋詩稿》二卷，《省齋尺牘》一卷。

馬惟暘，之咸子，字嶧峒，號秋客。監生。能詩，工篆刻。有《友石居印略》，《洗硯齋詩稿》四卷，《紅葉山房詞稿》一卷。

鄒道鄉集四十卷

黑口，似成化本。半頁十行，行二十字。

日涉園集十卷

宋李彭撰。各目皆十卷，此抄本原欲分五卷，後又分十卷，標目未清。其卷二末有題誌一行云：「乾隆乙未借劉岸淮同年纂《大典》散編，秋八月抄初七日校。」卷九（原稿五卷）有眉籤云：「是集乃乙未先君爲同年友劉湄岸淮所編，欲分五卷，未定，抄此副本，而劉欲以卷多銜功，遂以五卷爲九卷，蓋即共成十卷也。」據此，則爲《四庫》輯録《大典》之底本。此集除《大典》外，有（仁）［從］《玉澗小集》録入者。

韋齋集十卷附玉瀾集一卷

元刊本。前淳熙七年夏四月河陽傅自得序，後有淳熙辛丑仲春尤袤跋。白口。半頁十行，二十字，細字。

陵陽集四卷

宋韓駒撰。舊抄本。「玄」字無缺筆，當是明末抄本。有「毛子晉讀書記」（朱方）、「臣晉子晉」（朱方）、「毛氏藏書子孫永寶」（朱長方）、「虞山錢遵王藏書」（朱長方）諸記。是書《也是園書目》著録。

南蘭陵孫尚書大全文集七十卷

舊抄本。陳蘭鄰藏書，見《帶經堂書目》。有「帶經堂陳氏藏書印」（朱長方）、「帶經草堂」（白長方）、「續願齋藏書印」（白長方）諸記。第三卷後有跋：

《孫尚書文集》，世所少見。余購得此書，如獲珍寶，幸同志者加重寶之。揆石山人以恭識。

羅鄂州小集五卷附羅鄂州遺文一卷

趙氏藏本，有「曾在舊山樓」朱文長方印。前有洪武二年宋濂題詞，乙巳十二月豫章李宗頤序，洪武二年眉山蘇伯衡序，括林公慶序，洪武己酉嚴陵馬城序，乾道二年進士師山鄭玉子美序。有「舊山樓秘篋」（朱方）、「非昔居士」（白方）、「趙印宗（健）［建］」（朱方）。後有趙汸後序，洪武二年金華王褘序。七世孫宣明刻。十一行，二十一字。黑口，雙魚尾。

晦庵集

宋大字本。單邊，單魚尾，下刻工。十行，十九字。

晦庵先生朱文公文集

宋刊大字本。半頁十行，十八字。白口，單框。書口中間題「朱文公集」。卷三十上有字數，下刻工名。宋諱不缺筆。草莖紙，色較白。

朱子大全文集一百卷續集十卷別集十一卷

嘉靖壬辰大輪等刻于閩。十二行，二十二字。書口下方記刻工姓名，「□寫□刊」。類元板，不似嘉靖刻。

吕東萊集文十五卷別集十六卷外集五卷附録三卷

宋刊本。卷首有「翰林院印」，乃《四庫》底本。袁漱六所藏，有「季振宜印」及袁氏數印。

樽齋先生緣督集十二卷

分元亨利貞四集，每集三卷。每卷前有題識五行：「宋賜紫金魚袋樂安曾平幼度著，參知政事門人西山真德秀奏行，明廉州府學教授十世孫自明輯，臨淮教諭十二世孫繼武編，邑人後學詹事講明甫校刊。」後有隆慶戊辰十二世孫繼武跋，萬曆癸未萬錡跋。萬曆本。

放翁先生劍南詩稿

宋本。殘。十行，二十字。單框，雙魚尾，上有字數，下刻工姓名。「汪士鐘印」（白方）、「閬源真賞」（朱方）。後有黃跋：

「陳氏《書録》」云云。
「余向從那」云。

新刊劍南詩稿

宋本。殘。前有淳熙十四年門人括蒼鄭師尹序。半頁十行，二十字。單框，白口，單魚尾。薄皮紙，字方整，眉有批，甚舊，或宋元人筆。有「宋本」（朱腰圓）、「汪士鐘印」（白方）、「閬源真賞」（朱方）、「廷相」（白方）、「伯卿甫」（朱方）、「金匱蔡氏醉經軒收藏章」（朱長方）。

客亭類稿□卷

宋本。巾箱本。每卷書題跨行大字，作「客亭類稿四六編」，次行「江陵楊冠卿夢錫」。半頁十一行，行十八字。雙框，白口，單魚尾。《四六》、《雜著》、《樂府》之類，無「卷□」字。字畫方整，初印甚精。此書《四庫》著録，乃舊刊巾箱本，後從《永樂大典》搜輯補綴爲十四卷，而以《書啟》一卷附之。

此宋刻殘本，不記卷數，按之《四庫》本，所缺爲一、二、十、十二、十四各卷，而《大典》所收諸篇不與，疑《四庫》所據即此本也。朱文鈞記。

校注橘山四六二十卷

宋古潛李廷忠居漢著，明曲阿孫雲翼禹見注。萬曆刊本。前有萬曆丁未曲阿孫雲翼禹見序。

信天巢遺稿

康熙中高江村輯刻。前有「翰林院印」，知即《四庫》著録之底本也。其改定格式，均批明於書眉，而字甚劣，非出通人。至改誤字，楷法可觀，且下名戳（名戳爲「常循」二字，木戳朱印），知當時校者定例如此署名，乃令其人負責之意。江村序謂家藏舊板《菊磵》，存三十二首。《提要》據之，但作二十二首，誤「三」爲「二」，賴原本正之。當時定例，各書《四庫》傳寫後，即發存翰林院，進呈者仍得自院領回，此即領回之本也。

程端明公洺水集二十六卷

宋程泌撰。前有洺水遺民自序。二十六卷爲《附録》，卷首爲《辭命》，即代朝廷草詔書也。每端有「裔孫夢龍鋟刻」一行，或挖除。嘉靖精刊。宋朝廷字空格。十一行，二十一字。

重校鶴山先生大全集

第二行「錫山安國重刊」。書口上方有「錫山安氏館」（三）〔五〕字，下方人名。白口。半頁十三行，行十六字，活字本。有「禦兒吕氏講習堂經籍圖書」（朱方）。

宋學士徐文惠公存稿五卷附録一卷

宋徐經孫撰。前有萬曆甲寅十一世孫鑒校梓序。一、二、三卷文，四、五詩，《附録》爲詔誥、史傳、贈詩。

石屏詩集十卷附東皐子詩一卷

明刻。弘治刊黑口本。前有成化戊戌貢師泰序，後有弘治戊午馬金序，弘治甲子十世孫鏞序。舊序三（紹定二年趙汝騰、淳祐三年吳子良、嘉定三年（婁）［樓］鑰）。前有《東皐子詩》一卷（黄巖戴敏敏才撰），石屏之父也。第十卷爲《附録》，乃群戴之詩（十餘人），石屏之裔孫也。九行，十九字，《東皐子詩》則十七字。印本好，雖非初印，然清楚不蒙（善本蒙者多）。

白石道人歌曲六卷别集一卷

厲樊榭手抄。後有乾隆二年四月立夏日錢塘蒹葭里人厲鶚跋，「太鴻」（朱方）。前有「小玲瓏山館」（朱方）、「馬佩兮家珍藏」（朱長方）。黑格。九行，二十字。書口下方有「小玲瓏山館」五字。

《白石道人歌曲》六卷《别集》一卷，厲樊榭手寫本，小玲瓏山館舊藏。後有樊榭手跋及「太鴻」朱文方印。第一頁有「小玲瓏山館」朱文方印、「馬佩兮家珍藏」朱文長印。格紙。書口下方有「小玲瓏山館」五字。跋稱「此本符君幼魯得之樓君敬思家，假以手録。蓋樓之所藏，即陶九成抄本，與陸淳川、張漁村所刊，江研南所録同出一源者也」（故其趙與訔、陶九成識語均與諸本同）。跋署「乾隆二年四月立夏日」。案《蒲褐山房詩話》：樊榭以孝廉需次入京，不就選而歸。揚州馬秋玉兄弟延爲上客，來往竹西者數載云云。乾隆二年正當詞科報罷，需次既歸之後，其時恰主馬氏家，故所録即藏小玲瓏山館（亦稱「符藥林過揚，出詞本相示，因而假録」）。又江研南本序後，則署「乾隆二年四月十九日」，蓋符氏以是本遍示諸人，互相假録，故厲、江兩本同時，故日月略同也。余每遇名家詞善本，必諷玩不忍置，且作者、寫者、藏者均爲名家，一開卷間，古香盈把，而予得見之，幸何如乎。因識眼福并書，歲時丁巳新正二十日。

《白石詞》近有朱氏刻，即江研南本，而以張、陸兩刻校之，可謂集諸本之大成。彊村老人謂，三本同出符兼林，而並不脗合，頗以爲怪。不知尚有第四本也。今以此本㹀校朱刻，如卷三後，此本有《研北雜志》一則，卷六後有《慶元會要》一則，江本無之。案此雖非詞集本文，然當是趙與訔、陶九成原本所記，故趙跋中有「《會要》所載，奉常所録」之語，未可節也。又卷三《江梅引序》「將詣淮南不得」，朱刻作「將詣淮而不得」，案本詞有「歌罷淮南春草賦」之句，則作「淮南」爲是。《白石詞》中常韻淮南，《卜算子》云「淮南好，甚時重到」，《踏莎行》云「淮南浩月冷千山」皆□。淮南爲地名，故云「詣」。若泛作淮水，祇可云澈，不可云詣也。又朱刻卷三《浣溪沙》第五闋序「得臘花韻甚」，校語云「臘」當作「蠟」，此本正作「蠟」。又卷六《秋宵吟》「去國情懷，暮煙衰草」，朱刻作「暮帆煙草」，便不成句。又《別集·卜算子》第五首注「下竺寺前」云云，朱刻全缺。略舉數則，可見此本之善。則欲見陶氏原本真面目者，莫此本若矣。又記。

後村居士集

殘宋本。存第三十卷，爲疏文、青詞；又第十九卷，爲詩餘。十行，二十一字。雙框，雙魚尾，線口。有「汪士鐘印」（白方）、「閬源真賞」（朱方）二章。《藝芸精舍宋元本書目》中無此種。後村詞《賀新郎》

爲最多，此本《賀新郎》有二十八首，汲古本只二十一首，然《大全集》本則有四十二首也。卷三十朱筆改爲「四十八」、卷十九朱筆改爲卷「四十九」，不知何故。

後村居士後集二十卷

華亭姚（廷）〔培〕謙平山校訂本。康熙五十九年姚氏軟體字精刊。計詩十六卷，詩話二卷，詩餘二卷。

晞髮集

康熙壬午平湖陸氏校刊。軟體字。前有平湖陸大業序，弘治十四年儲巏序。十卷（詩八卷、文二卷），《晞髮遺集》二卷，《遺集補》一卷，《謝翺録天地間集》一卷，《西臺慟哭記注》一卷（浦陽張丁孟集），《冬青樹引注》一卷（同上）。

心史二卷

明崇禎刊。前有茂苑陳宗之《承天寺藏書井碑陰記》：「崇禎戊寅歲，吳中久旱，城居買水而食，爭汲者相捽於道。仲冬八日，承天寺狼山房濬眢井，鐵函重匱，錮以堊灰，啟之，則宋鄭所南先生所藏《心史》也。外書『大宋鐵函經』五字，内書『大宋孤臣鄭思肖百拜封』十字。自勝國癸未迄今戊寅，閲歲三百五十六載，楮墨猶新，古香觸手，當有神護。於是鄉先輩陸子嘉穎始發明其書，假抄題識，冀廣其傳。同志中多興起者，〔而諸〕生張劭，遂獻其書於大中丞金華張公。公覽而異之，立捐俸給梓，並植碑井傍，復構祠置主，顏其門。時爲庚辰孟春云。」大宋德祐五年己卯正月十七日三山菊山後人所南鄭思肖億翁自序。「萬卷樓」（朱方）、「華山主人」（白方）、「一字維垣」（朱方）、「馬之豐」（白方）、「華山馬□採印」（白方）。

斷腸集十八卷

舊抄朱淑真《斷腸詩集》十卷，《後集》七卷，《詞》一卷。前有小像，題一絶，署「白石翁」，像後有《紀略》。目録及詞前有「崑山慎軒氏胡慕椿補録」一行。案《斷腸詩集》近有錢唐丁氏刻本，以前除元槧外，有明一代未見傳刻，僅有抄本而已。予所見者除丁刻外，有天一閣藏元刊本，趙素門手校抄本，知聖道齋藏舊抄本，并此而四。合觀諸本，均不免譌誤滿紙，而亦各有所長。蓋藏書家互相傳寫，其誤處未必相同，校者必集諸本而去非存是，不能擇一以從也。丁刻乃合振綺堂等各藏書家諸舊本參校，自謂盡善，然不可讀之處仍復不少（予所見各本均可以補正丁刻。甚哉校書之難，非多見佳本，不能稱爲盡善也）。此本雖録在趙、彭二本之後，然其原本劇佳，則可斷定。嘗以丁本㸮校，可補正丁刻之處極多。舉其大端，如卷二《惜春》一首，丁本列入《補遺》，謂「校某本補此首，因有詩無注，故不能列入本卷」。此書不獨詩列本卷，且注亦完全（此外尚有二三首亦如此，校時看出，今不能指數矣）。他本或亦有此首，而皆無注，惟知聖道齋本與此同。至卷端之小像、《紀略》，則各本均未見，足徵此本之善矣。各本均無詞無目，此本有之，皆胡氏補録，本非其舊，詞恐自汲古閣本迻録（校汲古本多同，然亦有小異）。觀卷中遇宣宗廟諱皆作御名，則胡氏爲道光時人，其字跡時代，亦稱是也。丁巳仲夏十日，上虞羅振常誌於蟫隱廬。

滹南遺老王先生集四十五卷續編一卷

明抄。前有欒城李冶引，東明王鶚引（末作「歛袵書」），前荆臺冷官彭（翼）〔應〕龍序，大德三年二月王復翁序。舊絲欄。書口下方有「淡生堂抄本」五字。吳氏繡谷亭藏書。吳氏共有題識三則：一在李冶引後（考李冶），一在王鶚引後（考王鶚），一在王復翁序後。録如下：

此本山陰祁氏藏書，前有澹生堂印記。按《明詩綜》：祁承㸁，字爾光。萬曆甲辰進士，歷官江西參政，所著有《澹生堂集》。《詩話》稱，參政富於藏書，有手録群書目八册，今存古林曹氏。此編校讎未精，再爲改正數百字，竟成完書云。

「澹生堂經籍記」（朱長方）、「曠翁手識」（白方）、「子孫世珍」（朱圓）、「山陰祁氏藏書之章」（白方），以上皆祁氏章。「繡谷薰習」（朱長方）、「繡谷」（朱長方）、「吳焯」（白長方）、「尺鳧」（朱長方）。四十五卷後又有吳跋，有「曾給筆札」（朱長方）。《續編》四十六卷後亦有吳跋。

滹南集

舊抄。有明善堂、安樂堂藏印，知爲怡府藏書。《滹南集》全書四十五卷，前三十八卷爲《滹南辨惑》，後七卷爲詩文、詩話，此本祗後七卷。頃向南潯劉氏借得舊抄四十五卷本，輈勘其次序，頗不同。蓋《滹南辨惑》本與詩文集別行，後乃合爲一卷，此則文集之單行本也。試取而細校之，當有所得。

小亨集六卷

元楊弘道撰。前有己酉秋八月元好問序。後附道光乙未孔昭薰題誌，云「《小亨集》原本久佚，惟載入《永樂大典》」。則亦《大典》本也。《補目》附注云「嘉慶三年微波榭録」。

默庵安先生文集五卷附録一卷

元安熙撰。前有泰定二年虞集序，目録有題名二行：「門生楊俊民校讐，門生蘇天爵編集。」序中「國朝」尚抬行，當是録自元本。

溧陽路總管水鏡元公詩集一卷

舊抄。汪魚亭傳抄正統本。前有正統九年謝□序，書見《存目》。「汪魚亭藏閲書」（朱方）。元元准撰。

清容居士集

元刊本。十行，十六字。「休寧□藏圖書」（朱長方）、「完顔景賢卝庵所藏」（朱方）、「賣衣買書志亦迂，爰惜不異隨侯珠。有假不還遭神誅，子孫鬻之何其愚」（正書長方）。

存復齋集十卷

元刊。每半頁十一行，行二十字。卷首有黄蕘圃跋：

此册尚是原刊，非修補本也。前脱一頁，係虞道園序，大字書，惟朱丈文游本爲全，録本皆失之，今在袁氏五硯樓，可就抄以補其缺。至俞序後，朱本尚有鄉後學吴寬、王鏊拜贊兩頁，識是摻入，可不補也。卷五七頁九葉當改正，文理方順。余借此書於香巖先生，歸書之日，因題數語以相印證之。嘉慶己未夏五月黄丕烈。「丕烈」（緑印）。

道園學古録

元刊本。雙框，小黑口。十三行，二十三字。雙魚尾。

伯生詩後二卷（原三卷存中卷下卷）伯生詩續編一卷（存上卷）

元刊元印本。十行，十五字。字體如行書。文選樓舊藏。

青陽先生文集六卷附録二卷

前有正德辛巳劉瑞序，鄱陽程國儒序，雲和李祁序，正統十年高穀序，宋濂《余左丞傳》。目録第二行題「門人淮西郭奎子章輯」。後有弘治三年徐傑（輯《附録》人）附録序，嘉靖戊戌長樂鄭錫麒（刻書人）。十一行，二十字，白皮紙。「吴倬印信」（白方）、「立峯」（朱方）、「金元功藏書記」（朱長方）。

吴禮部别集

舊抄。元吴師道撰。前作「吴禮部别集卷一」，後則作「卷下終」，實衹一卷。乃拜經樓自知不足齋傳抄，前有「吴騫字槎客别字兔牀」朱文長方印。後有兔牀朱筆跋語：

乾隆丁未秋，從鮑君以文借抄，按卷首題「卷一」，而尾書「卷下終」，則止一卷，且書中有云「詳下卷」而未見者。疑尚有缺佚，當面質鮑子。騫記。

書眉復有校語九處（墨筆者則非槎客書）。案此書即《吴禮部詩話》，鮑氏已刻入《知不足齋叢書》。今與刻本犅相比勘，兔牀所校，有三處鮑刊已校改（《飲酒》第十二首注語及「唐曹」當作「曹唐」，「與作者」脱「者」字），餘五則或述鮑説，或出己意，均刻本所未及，足相發明。其考思悦爲僧，尤不可缺。讀鮑氏跋，知此本原録自趙氏小山堂，兔牀傳録時，尚未付刊。此本中略有缺字，刻本則已補（如曹唐詩等），並改「别集」爲「詩話」，而削「卷一」及「卷下終」等字。考書中既有雜説、詞話，則非「詩話」二字所能賅，鮑氏改之，未免輕率。使無此本，疇復見廬山真面乎。丙辰仲冬晦日。

石初集十卷

元周霆［震］撰。前有洪武癸丑劉玉汝序，洪武六年陳謨序，洪武七年葛化序，玄黓困敦重午張瑩序。後有洪武辛酉林堅跋，成化九年彭時書後，成化九年商輅書後，成化甲午劉宣書後。前録王漁洋題識。有孔（洪）［潢］谷題識二處。補目注云「嘉慶元年録」。

九靈山房集三十卷

吕晚村抄本。前有揭汯、王褘、桂彦良序。格紙，書口有八分書「晚村」二字，雙魚尾，如其所刻各書。半頁十行，每行二十字。卷十（卷）［後］題云「甲申四月懿曆補抄于東河此近樓」，十一卷後同。十二卷後云「甲申四月曹錨補抄于東河此近樓」，十三卷同。二十四五卷則題「甲申五月懿曆補抄」。二十六卷題「甲申四月循先補抄于東河此近樓」。中缺卷五至九、二十七至三十。有「長洲顧沅湘舟收藏經籍金石書籍之印」（朱方）、「三亥」（朱長方）、「臣沅之印」（朱方）、「湘舟」（朱方）。

鐵崖文集五卷

黑口本。前有弘治十四年馮允中序，次《鐵崖先生傳》，後有弘治十四年朱昱書後。卷一題名後有「毘陵朱昱校正」一行，卷五末頁有「楊鳳書于揚州之正誼書院」一行。雙框，雙魚尾。十行，二十字。有「長白存氏花萼齋藏書印」（朱文長方朱記）。

宣統壬子十一月，以二百金得之董授經京卿，即諸家目録所謂元槧本是也。此弘治序題尚未爲書賈割棄，可寶之。上虞羅振玉記於海東京都田中村寓居。

楊鐵崖文集五卷史義拾遺二卷

同邑陳于京宗甫校。漱雲樓藏板。前有弘治十四年郴陽馮允中序。明末刊。

鐵崖先生古樂府十卷復古詩集六卷

明初本。白皮紙印。前目録，十卷爲止，十一卷以下另紙。每卷第二行書「門人富春吴復類編」。十一卷首有序，每［半］頁十一行，二十字。黑口，雙框，雙魚尾。有「重熹鑑賞」（白方）、「石蓮庵所藏書」（朱方）、「石蓮盦」（白方）諸印。有吴仲（繹）［懌］題識，録下：

《鐵崖古樂府》十卷，門人吴見心所刻。至至正戊子而見心卒，故以鐵崖所作《見心墓誌》刻于十卷之末。書後六卷，雲間門人章琬梅刻附于後，目則統爲十七卷，集則别以《復古》名而第爲六卷。刻成于至正二十四年。同治庚午得于吴市，因記于序端。

潛溪集八卷附録一卷

明宋濂撰。嘉靖温秀刊。

蘇平仲文集十六卷

明蘇伯衡撰。正統壬戌黎諒刊本。

陶學士集二十卷前有事跡一卷

明陶安撰。弘治刊。

巢睫集四卷

舊抄。明曾棨撰。棨字吉之，永豐人。永樂元年狀元，官翰林學士（見序）。成化七年吴琛序。汪魚亭藏書。（見《千頃堂書目》）

白雲稿（存五卷）

舊抄本《白雲稿》五卷。石研齋藏書，有「臣恩復」、「秦伯敦父」二印。目十卷，書僅五卷，蓋下五卷久佚，曝書亭藏本已然矣。書眉時有標籤，或改誤字，或更行列，細玩之，實即《四庫》著録之底本。籤條上有「分校某某朱記」，又每卷第一行前多寫一「欽」字，則爲「欽定四庫全書」之略記無疑，所改行款，並一準《四庫》書式。惟《提要》載此書據汪啟淑家藏本著録，意序之第一頁尚有汪氏印記，且必有翰林院印，惜乎脱去。《四庫》書每削去序目，此則不然，蓋欲存下五卷之篇目耳。各序文行款不同，真草亦異，知是就至正本影寫，而又是《四庫》祖本，彌可珍矣。丙辰九月一日，上虞羅振常誌于蟫隱廬。

鳧藻集五卷

文瑞樓刊，最初印本。書口下方有「文瑞樓」三字，後有「雍正五年四月二十又三日于吴郡桃花塢之文瑞樓，校元板《鳧藻集》一次，安水宋賓王記」跋尾三行，「宋蔚如收藏印」（朱長方）。每卷末並有篆文「校」字印。前有「錢侗印」（白方）、「同人甫」（朱方）。後更有錢氏正書木記云「積書萬卷無不有，子孫讀之惟所取。文章道德期不朽，才或未逮貴能守。萬不得已求主售，讀書養親贍戚友，［療飢禦寒情可宥］。得錢他用天不祐，鬼神殛［罰］安其疚，願得書人共三復。嘉定錢季子藏書記」（扁方），（或）［共］十三行，每行六字。卷一題「桐鄉金檀星軺重輯，姪成鼎象州、男宏熹輪初仝校」三行。後印者則金氏題名仍舊，校者則改爲「桐鄉汪夢齡」等，此板歸汪氏後所改，猶不脱明人陋習也。周忱序後有「高太史本傳」及諸家記略。已刻「箋注青邱詩集」卷首小字一行，後亦挖除。蓋此爲初印單行本，後詩文合印，即可無此一行矣。案《皕宋樓藏書志》，《曹文貞公集》、《丁鶴年詩集》二種均有宋賓王跋，皆於「桃花塢文瑞樓」，《丁集》署「雍正丁未」，即雍正五年，正與此跋同時，蓋宋時爲金校書也。前年見錢氏後人鬻竹汀先生所著《聲類》稿本，今觀季子藏書木記，爲之慨然。

《鳧藻集》五卷，金氏文瑞樓刊本，宋蔚如手校録，同人舊藏。後有雍正五年宋賓王題識，及「宋蔚如收藏印」朱記。每卷後各有篆文「校」字印。前後有「錢侗」、「同人」二印，及錢季子藏書木記。《鳧藻集》本與《青邱詩集》合印，然刻時有先後，此本乃初刻成之樣書，故周忱序後有「高太史本傳云云」一行，其後印本均無此行，蓋本欲單行，後乃合印而去之。星軺于雍正六年作序，此校在五年，故僅有舊序，尚無金氏序也。跋中所謂「元本」，殆即正統刻。所改之字，以檢對定本，亦有改有未改，殆以原刻亦有譌誤，故分別從違歟？蔚如校書頗少見，皕宋樓藏《曹文貞》、《丁鶴年》二集，各有蔚如跋語，皆識于「桃花塢文瑞樓」。丁跋署年爲「雍正丁未」，即雍正五年，正與此跋同時。蓋宋時爲金氏校書也。錢氏藏書木記，嚮未之見。前年見錢氏後人鬻竹汀先生所書《聲類》稿本，今覩此記，爲之慨然。丁巳孟秋三日，上虞羅振常誌于海上蟫隱廬。

眉庵詩集十二卷

十一行，二十一字。前有成化二十年古陰江朝宗序。有「汪士鐘」、「文子」、「□庵道人」、「槐雨亭中物」、「文□」、「雁門文枬」、「王玉芝漁陽山人家姑蘇拙政園若□堂中」、「臨墅山人王子印」。末有嘉靖乙卯臘月二十六日志□壘翠軒題字，卷末有成化乙巳秋桂月朏同邑後學張習志跋（即刻書者）。跋後題云「弘治丁巳鄉先達張企翱先生魄此書」，下有「王玉芝」、「王獻」印。

余藏明初人集，高、楊、張、徐四家，獨缺《眉庵》一種。向書估從太倉收來者，非企翶所梓，故不之取。今香巖周丈慨然以此册贈余，可云四美具矣。始得《徐集》於顧八愚家，次得《張集》於顧聽玉家，次得《缶鳴集》於書肆，兹又得此，合四集於一處，其收羅不煞費苦心耶。後之讀此四家詩者，勿謂原刻之易得也。嘉慶己未冬十月五日識于紅蕉山館，丕烈。

蚓竅集□卷

黑口本。雲間管時敏撰，西域丁鶴年評。前洪武三十一年楚府教授吴勤序，次《金庵記》，浙江按察僉事周子治撰，永樂元年楚府右長史山陰胡粹中序。半頁十行，二十字。雙框，黑口，雙魚尾。每首有「評曰」二字白文，評小字雙行，詩旁并有圈點。有「汪士鐘藏」（白長方）、「善本」（朱圓）、「于氏藏書印」（白長方）、「小謨觴仙館」（白方）。

兩京類稿三十卷

明楊榮撰。正統刊黑口本，甚精。季（蒼）［滄］葦、朱竹垞藏，有印。

東里文集續編三十四卷

明楊士奇撰。正統刊黑口本。

椒丘文集三十四卷外集一卷

明何喬新撰。嘉靖元年余罃刊本。

解學士集八卷

天順刊本。每卷題「金城黄諫編輯」。十二行，行二十一字。前有天順二年戊寅前進士刑部郎中吉安知府江浦張瑄書。

一峯先生文集十四卷

明羅倫撰。嘉靖己酉聶豹序（刻書者），同年羅洪先序。正德十六年制誥，作癸丑。陳獻章《一峯先生傳》。嘉靖己酉張言跋，同年林應芳跋。嘉靖精刻本。

篁墩程先生文集九十三卷外集拾遺一卷又行素稿一卷雜著十卷别録二卷

明刻。正德丙寅李東陽序。前有目録一卷。自《行素稿》以下，注「東郭汪氏刊」。集中無之，但存其目耳。

後有正德二年門人李汛跋，正德丁卯廣東羅何韻跋。正德丙寅子壎刊小字本。半頁十三行，行二十七字。

玉笥集四卷

舊抄本。會稽張憲思廉撰。前成化五年安成劉「釪」序。「文登于氏小謨觴館藏本」（白長方）。

育齋先生詩集十七卷歸田集三卷拾遺集一卷

明高穀撰。弘治刊本。

鳥鼠山人小集

每卷前題「國子生吳郡馬驥校，國子生門人長洲歸「仁」編」。書口作「正德集」。嘉靖刊本。

龍石集

明許成名撰。天一閣藏書也。成名正德辛未（六年）登第，官禮部右侍郎。見《千頃堂書目》卷二十二。凡《詩集》九卷，《文集》六卷，都十五卷。卷以體分，故有一頁爲一卷者。文瑞樓藏明人集中已無此種，近貴陽陳氏搜羅明人集近千種，亦無之，想見傳本之少矣。其所謂「卷一上」、「卷二上」者，蓋原分四册，「上」者上册，「下」者下册，并非仍有「卷一下」、「卷二下」也。明人刊書往往如此，不可不知。《千頃堂》作四卷，即以《詩集》上下爲二卷，《文集》上下爲二卷也。丙辰十月二十日。

嗜泉詩存二卷

明李璋撰。璋字致虹，正德時人，以明經終。嘉慶五年十一世孫仙根重刻本。甚精。

芳洲文集十卷附録一卷詩集四卷文集續編六卷

明泰和陳循撰。四世孫以躍校刊。萬曆甲午柯挺序，萬曆丁未郭子章序，萬曆二十五年張應泰序，萬曆二十一年陳以躍序。有金星軺題字四行。有「陳書崖讀書記」（朱方）、「金星軺藏書印」（朱方）、「家在黄山白岡之間」（白方，亦金氏印）、「天都黄氏承雅堂圖籍」（朱方）。

洹詞十二卷

明崔銑撰。趙府味經堂刊本，書口有「趙府味經堂」五字。

賜餘堂集十四卷

萬曆庚子刊。明吳中行撰。中行官右諭德，嘗劾江陵奪情，遭絀。《千頃堂書目》尚有《復庵太史娱晚詩》一卷，此書無之。案管志道序中明言其長公復庵先生，則復庵乃其兄可行。其詩當别刻，不當附見。黄氏或見其板刻相同，而誤以爲亦中行作，未始非百密之一疎矣。前有兄可行序，屠隆序，管志道序（藝風堂藏本無屠序，殆偶脱）。此書又見《禁書總目》。

蘇門集八卷

前有古鄮春岡劉訒序，明州陳東序。嘉靖刊本。

高叔嗣《蘇門集》，傳本最少。明人集部收藏最多者，惟范氏天一閣、金氏文瑞樓（黄氏千頃堂乃著録，非收藏）。此書僅《文瑞樓書目》中有之，他家未見。近人之搜羅明人集者，則推貴陽陳氏。陳氏因欲作《明詩記事》，積二十年之力，得總集、别集幾及千種。駕天一、文瑞而上之，可謂富矣，而獨缺此書，則傳本之希，可以想見。蘇門詩，《梁園風雅》中有之，然祇一卷，非足本，其書且亦難得。此本得自歷城，板或爲嘉靖初刊。半頁十行，二十字。而莫氏《郘亭書目》謂半頁十行，每行十六字，莫氏誤矣（若十行十六字則扁闊太甚，無此板式）。此書今日不絶如線，存此孤本，得者尚寶藏之。抱殘守缺，斯是之謂乎。

石川集五卷

明殷雲霄撰。嘉靖刊本。

陸子餘集八卷

明吳郡陸燦子餘撰。嘉靖甲子刊。

冰蓮集四卷

明夏樹芳撰。李維楨序，王穉登序，鄒迪光序，自序。嘉靖刊，大字本。

瓶花齋集十卷瀟碧堂集二十卷

明石公袁宏道中郎撰。封面題「無涯氏校梓」。每卷後有「門人袁淑度無涯初校」字。目録後有「萬曆戊申秋月句吳袁氏書種堂校梓」兩行，八分書。全書活體。

皇甫少玄集二十六卷外集十卷

明皇甫淳撰。嘉靖刊。

芝園外集二十四卷

明張時徹撰。前嘉靖二十一年自序。有「金星軺藏書記」一印（朱長方）。

陸文定公全集

明陸樹聲撰。有萬曆丙辰徐三重序，子光禄校刊。有「文瑞樓主人」（朱長方）、「適情」（朱圓）、「情之所鍾」（白長方）。

《詩文集》十四卷（一至十四）

《汲古叢語》一卷（十五）

《清署筆談》一卷（十六）

《適園雜著》一卷（十七）

《禪林餘藻》一卷（十八）

《耄餘雜誌》一卷（十九）

《陸學士題跋》一卷（二十）

《長水日抄》一卷（廿一）

《善俗稗議一鄉會公約》一卷（廿二）

《陸氏家訓》一卷（廿三）

《病榻寤言》一卷（廿四）

《續禪林餘藻》一卷（廿五）

《雜著續抄附遺言》（廿六）

侍御公詩集一卷

明抄。大雲書庫藏。前有崇禎癸未鐘陵熊明遇序。《嘉興府志》：海鹽彭宗孟，字天承，著有《侍御集》。宗孟，茗齋先生之祖也。又撰《江上雜疏》一卷，刻入《鹽邑志林》。子長宜，官上海縣知縣；期生，官太僕，殉難西江。

崇相集六卷

明董應舉撰。萬曆精刻本。

瞿文懿公集十六卷制勑稿一卷制科集四卷

前有王世貞、王錫爵序。萬曆精刊本。

王柏峯詩稿

稿本。不分卷。藍格寫本。前半草稿，後半詩略與前同，似前詩謄真者。前有漁洋山人題識，後有徐元善書後。有「古垣台王與政家藏書畫圖書」（朱長方）、「幔亭王士驪珍藏書畫」（白方）、「□緑硯齋印記」（朱方）。

漁洋跋：

吾邑前輩以［詩］傳名者，自國子司業澄川沈先生始。曾叔祖柏峯公與沈公生同時，其詩派亦略相似，大抵步趨濟南，不爽尺寸。至叔祖季木公，始一變而雄肆凌厲，雖家庭風氣，不相沿襲。此集傳爲考(工)[功]手書，有東□隱居士題贊。劫灰之後，故蹟僅存，古色□然，有鼎彝之氣，□西其珍藏之。

康熙二十五年仲秋上浣，從曾孫士禛稽首謹書。「宮詹學士」（朱方，藍色）。

徐元善書後：

題外祖季木公楷書曾外祖《柏峯公傳》後

蓋嘗展公遺像，而不知涕之何從也。讀家傳，跡公行事，而後知公之明德遠矣，宜其人文之蔚起未艾也。兹觀外祖公手書遺詩一帙，妙蹟宛然，流長波老。由於公亭發之深，故其格力之振絶一時而難爲駕也。元善於公爲外曾孫，既以獲觀遺書爲幸，又□得仰贊以附諸篇。

□□□祖，毓德槐根。垂蓀廣蔭，建厥高門。
□□□馬，名并鴻軒。裕後繩武，暨于諸孫。
發爲聲詩，以風以雅。凌厲嘉隆，誰爲繼者。
惟外祖公，正鋒而寫。爛然星陳，光芒照野。
仰瞻歎絶，作述一堂。爲山益尊，是實始荒。
心慕手追，筆精墨良。惠我後人，百世同芳。

外曾孫徐元善沐書敬呈

《王柏峯詩稿》，明時寫本。有「古桓臺王與政家藏書畫圖書」、「幔亭王士驪珍藏書畫」〔一〕諸印，及漁洋山人題識，徐元善跋尾，王氏世藏物也。王爲新城右族，當明代人文蔚起。漁洋於諸記載中，每述祖德。所謂季木公者，名象春，漁洋論詩每及之，而甚稱公詩之凌厲無前，柏峯則未之及。案漁洋曾祖諱之恒，柏峯則諱之猷，均太僕重光子。柏峯隆慶庚午舉於鄉，丁丑舉進士，授平陽府推官，邑志有傳，載其治勣頗詳，而不云有集。蓋季木輯録而藏，遂未刊布，使無元善、漁洋二跋，即今日幸而僅存，已不知誰何之作。意者前賢心血，不容終泯耶，得好事者釐訂刊布之，亦藝林之快事矣。丙辰季秋二十五日。

元善後更名「夜」，字東癡，工詩，漁洋嘗亟稱之。

《漁洋年譜》：康熙二十三年冬遷詹事府少詹事，兼翰林院侍講學士。二十四年，匡廬公没（漁洋父，名與敕）。此題于二十五年，方居廬在西城，故印作「宮詹學士」而藍色也，時漁洋年五十三。跋中「（馳）［貤］西」當即士驪字。振常又記。

此稿據東癡、漁洋跋，皆以爲季木手書。然眉上有所謂「艮書」、「蒙姪自書」、「蒙代書」者，頗疑非出一手，而「艮」、「蒙」皆「象」字行（王氏「象」字行，其名皆取《易》卦）。考柏峯五子，曰恒（卷中有《送恒兒應試詩》）、復、豐、鼎、春（此獨非卦）。艮等蓋皆季木羣從，然非柏峯子也。又詩二册，其下册與上册篇什略同，不啻重出，當是一爲草稿，一爲繕稿。惟既爲子姪書，則不當擅改，而上一册塗抹殊甚，豈繕後柏峯又自加削歟？季木詩才如彼，而前後相較，凡草稿中並不漶漫處，乃繕有誤字，而不可通。稍率者則缺而不書，豈季木繕此時年幼，尚不能詩（下册字頗類幼稚筆）？均不可解。蓋漁洋題此稿日云「傳爲某書」，已作影響之辭，無論今日矣。特揭其疑，以質讀者。振常再記。

第一册《秋夜渡淮》以下，疑是柏峯手稿，蓋其字迹與眉上之「艮書」、「蒙姪書」等相同也。曰「蒙姪」，則爲柏峯語。觀此，知改削處爲柏峯親書無疑矣。季木爲吏部考功郎，故漁洋稱曰「考功」。卷中《闕里歌德詩》下署「見峯」，乃漁洋曾祖（之恒父）之號。「康宇」則漁洋祖（象晉）之别號也。又誌。

王氏世系，高祖重光，字廷宣，嘉靖中官貴州按察使參議，没於王事，贈太僕寺少卿。曾祖諱之恒，進士，官户部左侍郎，贈本部尚書，以太師公象乾貴，贈少師兼太子太師兵部尚書（公字爾或，里人稱見峯先生也）。祖象晉，萬曆進士，官浙江右布政使，贈刑部尚書（公字子［進］，别字康宇，司徒公季子）。父與敕，贈刑部尚書，四子：伯士禄（順治乙未進士），官吏部考功員外郎；仲士禧；叔士祐（康熙庚戌進士）；山人其季。（參見本書第二七〇頁）

〔一〕按，此二印原闕，據《上海圖書館善本題跋集録（附版本考）》所録原書題跋補。

王節愍公遺集

稿本，吴兔牀手寫。王昭平先生，當明季杭州城陷，從容殉難，爲吾浙一人，足爲湖山生色。兔牀山人嘗輯其遺文，刊之《拜經樓叢書》中，求之多年不可得。去年得刻本，已自矜異。頃又得稿本，喜可知也。此本雖即刻本之底稿，然頗有異同，且較刻本多十之四五，卷中行草皆兔牀手録，其正楷則兔牀姪某所書也（嘗見拜經樓中舊抄本中有署名者，但名爲何則忘之）。前有肖像，並有周松藹題識，兔牀印記。展卷孑然起敬，如對古人。即兔牀搜輯之勤，其有功前賢，亦令人欽遲不已也。

未學庵詩稿

舊抄。《尺五集》二卷，《得閒集》二卷，《懷古集》二卷，《愚公集》四卷。常熟錢謙貞履之撰。前有崇禎甲申馮舒序。同年錢龍惕序，履之姪。履之，牧齋從弟也。

雲東漫稿二卷

題「嘉禾天寧寺僧釋圓理著，墨林山人項元汴校」。前有隆慶戊辰豐道生序。後萬曆庚辰真謐跋。萬曆刊。軟體字，極精。

馮氏小集三卷鈍吟集三卷餘集一卷别集一卷遊仙詩二卷

《小集》三卷，乃汲古閣刊。每第一頁書口皆有「汲古閣」三字，前有錢謙益序，戊申仲冬陸貽典序。陸序中稱《小集》爲毛氏刻，以下爲其猶子竇伯輯刻。《汲古閣刻書目》中未載此種。

陳檢討四六注十二卷

王虛舟補注。稿本。原底爲程師恭注，補注密行，蠅頭小楷，批于書眉。有「王澍印」（白方）、「虛舟」（朱方）。

三魚堂集

初印本。《祭呂晚村文》未抽。此板後歸掃葉山房，《附録》中佚去「御史陸先生行狀」以下二十三板。

何義門先生詩一卷

舊抄本。有「簡莊所録」（朱長）、「吴騫讀過」（白方）二印，并有吴兔牀眉批數處。此中詩有刻本所無者數首，録如下：

遠祖仲言集中《經孫氏陵》一篇，乃吴大帝蔣陵也。在吴邑者是武烈高陵，乃長沙桓王墓。錢受之作《陸宣公墓道行》有「飛梟熟辨孫王墓」之句，則誤，實此詩爲高陵賦矣。因追和十三韻，作《孫王墓》一篇，不足以繼家集，或聊用補郡志耳

盤龍闉外路，蓬顆自相依。置守感謝令，辨亡悲陸機。發迹清天步，獨克入帝畿。述業規奉迎，襲許憺棱威。振旅隕樊鄧，先驅未淮肥。再世困魚服，中道閟劍扉。分鼎霸圖兆，勤王壯烈違。長沙義或險，高陵號竟歸。江流俄失險，溝水卻存微。地書太原異，葬記曲阿非（今圖經所謂「陵浜」者猶在。《（詩）［討］逆傳》云「堅薨，還葬曲阿」；而《吴王傳》云「太元二年秋八月朔，大風，吴高陵松柏斯拔，郡城南門飛落」。其辭相屬，《宋・五行志》所載略同。則武烈實遷窆于吴，史失之略）。天門腸詎繞，月窟魄難暉。班蘭斷車迹，光怪絶雲飛。孰念曾輸力，頹陵掩寶衣。

婁桑村有懷十六韻

漢祖徵孤立，維城樹懿親。加施文景澤，宜獲子孫振。鬱鬱春陵郭，憧憧涿水湄。屢看僵復起，

終卜蘖重新。嗣武英雄器，宗盟式望身。有臣班管樂，無貳契心神。肯屈當塗下，思將大義信。跨連方禦侮，蹉跌忽攜隣。聽鼓先東代，歌風限北巡。本枝分帝軌，百世袷明禋。嬉戲言猶在，松楡蹟未泯。苞桑長祚德，羽葆衆歸仁。繫贊知躋蜀，尋村感降辛。空桐天極斗，析木漢垂津。助轉炎精昧，深培箕宿屯。一家三受命，碩茂後誰倫。

承祚身入晉室，奉命修史，以魏爲正。《蜀書》之末乃記楊戲《季漢輔臣贊》，假託綱羅散軼，陰著中漢季漢，統緒斯在，躋蜀於魏之上。帝（羅按：「帝」疑作「書」）大贊「昭烈皇帝」，則已之所述曰「先主傳」者，明不得已而遜辭矣。千載之下，作者有微意可窺。帝崩在章武三年癸卯，年六十三歲，上推桓帝延熹三年（羅按：辛丑實延熹四年，「三」疑「四」之譌），則歲在辛丑。相傳桑木者箕星之精，或然也。

同賦泉紳拖修白石劍欑高青二篇

競秀爭流處，誰知造化原。天台飛界道，維首矗爲門。椷碧重雲决，明空萬斛噴。胸中丘壑小，彈壓敢輕論。

青羅碧玉黯還公，拔地垂天興象饒。飛過疊簾鋪練影，截開雙紫建霞標。銀河吹瀉機絲墮，金虎騰空仙掌招。山水謝家徒極貌，崐崙渠合擅鐫雕。

從舅清州，過堰行水淀中，入雄縣界，皆遠祖六宅使正則所設塘泊遺迹，明三百年莫知因其灌

溉之利，慨然而賦

昔設關南險，今行趙北隅。路平開限隔，水剩渺江湖。一鏡長風駛，扁舟數縣紆。香明穿菡萏，碧淨拂菰蒲。涼曠塵初失，飛騰輿忽殊。屯田維祖烈，接壤指前模。掘鯉通諸淀，龍鱗溉列區。禦邊真得處，固本豈能逾。馳聘忘秔稻，川原負灌（榆）［輸］。西山空罄足，東海但傾腴。地陣謀焉用，天時戒不虞。此中資採捕，四野立焦枯。渠決能爲雨，泉清重道雩。斗門宜復置，霜旱亦旁諏。永世存師古，因民異費帑。豐秋千里慶，消夏片時娛。準望村高下，洄沿郭有無。投蜺驚遠飲，浮鶬識相呼。翠羽占城種，黃雲八月租。試行旋極目，勝畫寶元圖。（遠祖初引淀溉□，值霜不成。判官閩人黃懋以晚稻九月熟，河北霜早而地氣遲，江東早稻七月即熟，取種課令種之，是年八月稻熟。事詳《宋史·食貨志》。仁宗寶元初，圖農家耕織于延春閣。元以來皆效其意，所畫即江鄉水區作苦，豈若見之近郊寔考乎。）

西溪二兄同年當得校官，自言并擬罷舉，因拾餘韻漫題（有自題，用東坡「白髮蒼顏五十三」作起句）

南省着麻渾欲敝，衲緇假我蔽襤衫。授衣傳鉢盡由命，攻木叩鐘偏所諳。送老有官元耐冷，難成是佛更何貪。祇將苜蓿齋蔬筍，繪取儒酸佐戲譚。

舊抄《義門先生詩》，陳仲魚、吳槎客藏本。書眉有批校三處。卷四槎客筆內，有五首爲全集所無。蓋搜集先生遺文者未見此本，是可寶也。時甲子春日，校畢并記。

義門小集

曩者覃溪先生與余論虞永興《廟堂書》，言國朝人善學虞書者，惟義門何先生，嘗欲表章其著作而未果。因言義門先生生於順治十八年二月二十七日，初字曰潤千，一號無勇，因哭母更字屺瞻，而印章則作「峐瞻」。爲人短小麻鬍，綽號「袖珍曹操」，又有「髯」字紅文圓印。晚年又號茶仙。幼時頗魯，因遊道院，見蝴蝶飛而心開。始學於邵僧彌。年二十四，延閻百詩主其家，刺取閻氏之説，以箋《困學紀聞》。其書法得虞山馮定遠父子之傳，後有姚薏田最私淑義門。覃溪之言如此，余謹識之不敢忘。乙未冬，樹琴夫子示以所得蘇齋手書，編爲《義門小集》。始悟覃溪先生語予之時已有此稿，幸歸我樹琴夫子，淹而復彰，是不特表章義門先生之文，即以表章覃溪先生之心也。追憶舊聞，忽忽三十年事，而是編卒成，又可知物之顯晦有時，不容思議，謹書而附于後云。大興徐松跋。

句餘土音三卷甬上族望表二卷

原刻本。有馮柳東手跋二通如下：

謝山，學人之詩，非詩人之詩也。其集十卷與是編，博徵古實，總以存幽闡微爲主，當作《荆楚歲時》、《襄陽耆舊》觀可也。樂府、琴操，雅有花遊老鐵風調。丁卯初夏，柳道人記於復初九庵。

此編變小記爲風騷，當作《博物》、《虞衡》諸志觀。謝山于四明文獻，可謂不遺餘力，甬人當百世視之。行輩中如樊榭、堇浦，皆以徵材博奥取勝，謝山詩雖不逮，其體固同也。

□□堂文稿

舊抄《□□堂文稿》，山陽楊禹江先生撰。壬子亂後得之於白門書肆。嘗讀外王父范詠春先生所著《淮壖小記》，知先生名，顧未得見其遺著。今觀此稿不分卷第，知是未刊稿本。按其文體，始於《治河議》、《祭文》、《挽辭》，知其後半已全，而前半尚有缺。然藉以考見淮郡掌故文獻之處，已復不少。余家遷淮及六世，不啻爲第二故鄉，於此邦文獻，必宜搜求，乃裝而藏之。歲甲寅春，返淮掃先壟，攜之行篋，以示淮人，羣許爲難得。有謂原稿當歸諸誰人者，予謂「楚弓楚得，理固宜然，但有人能付剞劂，當舉以相贈」，寂無應者。予怪歎，仍置敝篋。又三年後，偶與默存中丞言及，中丞欣然願任資，余不禁踴躍爲此書幸，因舉書贈之，以踐宿諾，并書其緣起于後。時戊午十二月十八日，上虞羅振常識于海上寓廬之終不忍齋。

匏居小稿一卷有正味齋琴音一卷

吳錫麒撰。乾隆中單行本。軟體字，甚精。

述學

見三卷本。乃校樣。一、二卷原作《汪容甫集》，朱筆改爲《述學》，三卷徑作《述學》。

南樓吟香集六卷

女史查惜淑英撰。查爲馬寒中夫人。康熙乙巳馬氏刊本。

善本書所見録卷五

上虞　羅振常子經撰

總集

文選六臣注

宋大字本。十行，十七字，注二十五字。字體極古。

文選六臣注

宋贛州大字本。單框。半頁九行，十四字，注二十字。

文選六臣注

南宋大字本。綫口，上有字數，雙魚尾。九行，十八字，注二十三字。單框。

六臣文選注六十卷

萬曆刊，字尚如嘉靖。封面題「玉芝園校訂宋本」，「梅墅石渠閣梓」。

文選

前有李崇賢《上文選注表》，昭明太子《文選序》，北海南道肅政廉訪使余璉序。每卷題銜四行，前二行「李善」，後二行「奉政大夫同知池州路總管府事張伯顔助率重刊」。後有「萬曆癸卯年夏六月十七日夕閲終卷」一行，又「庚戌春二月二十四夕再校終卷」一行，皆朱筆，蓋馮鈍吟之父手筆也。有「（上）［古］虞」（朱長方）、「馮氏藏本」（朱方）、「舊山樓秘篋」（朱方）、「趙次公印」（白方）、「趙宗建讀書記」（朱方）、「非昔居士銘心之品」（朱長方）各印。

古文苑二十一卷

半頁十行，十八字。綫口，無魚尾，單框。刻頗精，似嘉靖翻宋。

古文苑

黑口本。二十一卷本《古文苑》，見之各家著録者，有宋嘉熙丙申刊本，明成化壬寅刊本。此本既非明刊，亦非宋刻。字刻固不類宋，一見可辨。更細勘之宋本，常熟瞿氏藏，半頁十行，行十八字，注雙行，行二十至二十二字不等。此本大字，亦十行十八字，注則惟卷四每行字數与宋本同，其餘則與大字同爲十八。又宋本宋諱皆缺筆，此本則否。此非宋刻之説也。明本至成化始軟媚，此則古樸。且瞿氏宋本嘗以明本校勘，謂《孫叔敖碑》「野無螟儎」，注「儎即螟蟙」。「儎」、「蟙」，明本譌作「儎」、「蟙」（從臣不從目）。此本則作「儎」、「蟙」，且注多「螟」字（曰「螟儎即螟儎」），與宋、明本均有異同。瞿氏又云：揚雄《蜀都賦》「迎春送冬」，九卷宋本脱「冬」字，顧澗蘋引《文選・三都賦》以補之。不知宋刻章注實不缺，至明翻本則譌「冬」爲「臘」矣云云。此本「冬」字亦缺，作墨丁，與宋九卷本正合，而不作「臘」。此非明刻之説也。此本字刻不工而甚古，頗與元刊《宋史》及《古今韻會舉要》同，當即元刻。明初本亦頗有類此者，然元本皆小黑口，明初即闊，此本口甚狹，固非明初本也。體如《新序》、《説苑》是一，則字粗而線歪斜，粗細不一；如元刻《宋史》是一，即如此本是也。此本乃兩本拼合，行款同而板式不一，小板如元本絶疏，大板則類元刻《古今韻會舉要》。其字形明初本亦有如此者，嘗見一《韓文》頗與仿佛，然大黑口而書口甚闊，此則小黑口而書口極狹，元本概如此。明本自洪武、永樂即皆寬口矣。此刻非宋、非成化，不必詳考，觀字體即可辨之。然明初之本尚可混淆，故爲考定之如此。惜前目已缺，序文都去，此則可據宋本補寫也。

文苑英華（殘本）

宋刊宋裝。半頁十三行，每行二十二字。單框，雙魚尾。白口，上有字數，下有刻工名。黃皮紙初印，天地四周闊大，蝴蝶裝。計存二百三十一至二百四十卷，共十卷。每卷後有「登仕郎胡柯、鄉貢進士彭叔夏校正」一行，前後有「内殿文璽」（朱文方印，下同）、「御府圖書」、「緝熙殿書籍印」（以上四方水印）。又「晉府書畫之印」、「敬德堂章」、「子子孫孫永保用」各印。黃綾面，淡綾籤。有題字，似趙松雪。底綾面之裱糊紙，有木戳曰「景定元年十月初六日裝背臣王潤照管訖」一行。其「十」、「初」、「六」之三字乃墨筆填。

宋諱缺筆。每卷之第一頁粘五色絹，上下各一小方，或中間一方，以便檢查。書頭亦題書名卷數。

文章正宗卷第三

宋刻。大字。半頁十行，行二十字。小黑口。雙魚尾，上有字數，下有刻工名。前白紙附頁上有「五福五代堂古稀天子寶」、「八徵耄念之寶」、「太上皇帝之寶」三鈐，皆徑二寸五分。卷端有「天祿繼鑑」（白方）、「乾隆御覽之寶」（朱橢圓），卷末有「乾隆御覽之寶」（同上）、「天祿琳琅」（朱方）諸璽。

宋刊大字本《文章正宗》殘本卷第三，內府所藏，載之《天祿琳琅目録》者也。雖非完帙，然是先朝法物，自非尋常殘編所比擬。其中書口無字數之各頁，當是補板，然與原刻無甚殊異，疑是宋刊宋補印，不然亦元初補也。案《天祿琳琅書目》卷三「宋板」集部載《文章正宗》四函三十二册，「寬行大字，用筆整肅，刻手印工，亦皆精好」，今以此册證之，信然。又《天祿書目・例言》謂，諸書每册前後皆鈐用「乾隆御覽之寶」及「天祿琳琅」二璽印。此册前後除此二璽外，尚多「天祿繼鑑」一璽，又書衣白紙更多「五福五代堂古稀天子寶」等三大璽。《（善）[書]目》編于乾隆四十四年，故衹二璽，餘數璽乾[隆]末所加蓋也。展卷之餘，墨香楮暗，古趣盎然，令人神愉氣靜。丁巳仲冬望後一日，上虞羅振常謹識於海上寓居之終不忍齋。

西山先生真文忠公文章正宗二十四卷

宋刊。半頁十行，行二十字。單框，小黑口，雙魚尾。有「安樂堂藏書印」。

文章正宗

元刊本。單框，小黑口，雙魚尾，下刻工。十行，二十一字。有「馬氏家藏圖書」、「世世子孫永寶」、「黄丕烈印」、「桐鄉汪嵐坡藏」諸印。

古賦辨體十卷

嘉靖刊。十行，十八字。前有成化二年錢溥序，嘉靖丁酉贛州知府康河跋（跋稱前守無錫顧君與新嘗命工刻之，未完而去，吉安節推金城吴君子貞來署府事，踵成之。然中多缺誤，偶得侍御大梁熊君子修按蜀時所刻全本，因取而補正焉）。此書有成化二年金宗潤刊本，有（吴）［錢］溥序。此則嘉靖中贛州刊本，前亦有溥序，當是覆刻金本而以蜀本校之（見康河跋）。其行款亦與金本異，金本半頁九行十七字，此則十行十八字。《外録》二卷，《四庫總目》作《外集》，不知所據爲何本也。

二百家文粹

宋刊本。單框，單魚尾。十四行，二十四字。

古文真寶後集六卷

元刊本。黑口。半頁十一行，二十一字。

歷代賦抄三十二卷

上海趙維烈編。康熙二十四年刊本。王惕甫硃筆評點，目録後題「乾隆癸卯十月買得」。此集中凡存賦二百五十篇，卷末又題云：「乾隆癸卯十月初九日，石湖掃墓歸，燈下選畢。」此外每册封面皆有惕甫手抄目録，次頁又以朱筆記所選賦目，各賦後多有評語，所選計七十篇。有「蘇州淵雅堂王氏圖書」（朱方）、「淵雅堂藏書記」（朱方）、「王芑孫印」（白方）、「鐵夫」（朱方）、「芑孫」（朱方）、「惕甫晚歲補讀」（白方）、「樗隱重定」（朱方）、「古研香齋藏書」（白方）、「王嘉祥字善之號雲岡」（白方）、「雲岡讀過」（白長方）、「鐵夫」（朱長方）。雲岡，乃惕甫子。

唐文粹（殘本）

元刊元印本。存卷十至十四之下。半頁十五行，行二十五字。

國朝文類九十卷

元刊本。前有二跋：

元人書刻俱潦草脱誤，惟此本鐫鏤獨精，［惜］平多漫漶矣。荇溪觀并識。

荇溪以《文類》見贈，六卷至十二卷漫漶不可讀。頃過竹垞先生齋，談及此事，承以此二册貽。朱先生曰，適從杭城書肆得之，惜書不完，今得以配子所藏，成全璧矣。錢枋識。「錢二十枋字爾載」（白方）。

圈點龍川水心二先生文粹

《前集》二十卷，《後集》二十一卷。前有嘉定壬申孟秋建安饒輝晦伯序。元刊元印本。每卷書題跨行大字，次行題名「龍川陳亮同甫」（水心同）。綫口，雙框，雙魚尾。半頁十二行，每行二十六字。旁有圈點。《前集》目録前有牌子：「二先生文精練雄偉，工文家所快覩，是編又出名公選校，壹是粹作，篇加圈點，辭意明粲。本齋得之，不欲私閟，綉梓公傳，與天下識者共讀，伏幸精鑒。」

金文最一百二十卷

藝海樓抄本。張金吾輯。前有道光壬戌陳揆序，黄廷鑒序，道光二年阮元序，道光丙午自序，英和序。次凡例。抄格書口下有「藝海樓」字。

此書蘇州局刊合併爲六十卷，牱校無不同處。

二妙集

明成化刊。黑口本，大字。九行，十六字。前有臨川吳澂序。前有目録。印紙爲正統粮册。後有泰定四年丁卯春别嗣輔跋語。

皇明文衡一百卷

前有程敏政序。序後有「嘉靖戊子歲宗文堂新刊」牌子二行，目後有牌子七行。半頁十二行，二十三字。

金華文統十三卷

正統刊。十行，十八字。黑口。有正德六年金華知府江都趙（德）[鶴]自序，正德壬申知金華縣玉山李玘跋。此書《四庫》列入《存目》(《提要》卷一百九十二《總集存目》),以其門户之見未化也。然此書乃正德原刊,殊可貴。

古虞文録二卷

明抄本。卷分上下,附《古虞文筆表》一卷。題「守黄門水曹郎前進士邑人楊儀夢羽著」。

江蘇考卷經正二集

《江蘇考卷經正二集》,乾隆丙申刻本,有督學使者謝墉序。前一年乙未,墉梓蘇、松、常三郡試士文,題曰《經正集》; 次年又梓寧、通、揚、鎮、淮、徐、海七郡之文,曰《二集》。中有乙未歲試汪容甫文一篇,録如下:

唯女子與……養也　(江都縣學歲試一名)汪中

舉難養者以爲世戒,當慎之於其所忽也。夫女子、小人,人主固以爲易與耳,而抑知難養者唯此,可不慎哉。今夫四境之内其人多,一室之中其人寡。多則慮其上壅,寡則幸其易制。不知勢之所不得而制者,有時不在千萬人之情,而即在此一二人之情也。(眉批:大意最得體要。)夫有天下國家者,無不有其所養也。井道不窮,而頤真則吉,夫亦孰是其易之。雖然,吾請言其難者。宗廟之事,后夫人共之,月幾望之所占也,下此不一其等,而可概之曰女子; 虎門之學,師保氏掌之,國中失之所教也,下此不一其名,而可别之曰小人。(眉批:出清難養,恰如題位。)是二者,亦既用之,則必養之。宫中府中之禄秩，雖酒漿醯醢，與饔亨庖翟，莫不有常職以供其事，即莫不有常餼以養其身。而養其身也易，養其心也難，不可教也，而當養也。内朝外朝之供御，凡織紝組紃，與僕隸牧圉，不能以禮優其躬，即無不當以恩養其命。而養其命也易，養其性也難。以爲易也，而易無備，抑不易矣。（眉批：精義。二比根據經史説發難養之義，高雅絶倫。）夫以宫人寵，亦終無尤，而畜臣妾吉，不可大事。蓋觀其所養與觀其自養，燕笑之下，而艱虞伏矣。知其難也，而曩者之難，今又難焉。夫肅肅宵征，誰安寔命；吾吾暇豫，徵調集枯。或不安于求養之分，而轉欲操養人之權。宫寢之地，而險阻備矣。昔我先王，侍御之卑，罔非吉士，宫人之作，可冠風詩，其致嚴於遠近之交，而灼見夫不遜與怨之情狀矣。

所以難養之故，在下文。題外贅一語，不是凌犯，便於下兩義外添出。皆踈於法脈者也。「養」字煞有意義，不得忽略。作此題者，無不貪發女子、小人，而抛荒難養。貪發女子、小人，則必浪逞才華，自説自話，於下文不对。抛去難養，即與下不觸背，亦爲「唯女子與小人」六字題矣。

按年譜：容甫生于乾隆九年，至二十八年癸未，二十歲。入學爲揚州府屬第一，學使李因培。四十年乙未，三十二歲，受知於謝金圃侍郎，始食廩餼。凡經解、策問、詩賦均第一，拔冠府屬。每試皆特置一榜，列名諸生前。此爲其所試制藝。此外入選本者，尚有一《射雁賦》。

評校玉臺新詠（存二卷）

舊抄。乃吴江吴氏本，即吴兆宜注本也。與吴氏刻本頗有不同，凡刻本注「一作某」者，此本正文或即作「某」字，而下注「亦作某」，則刻本之正文也。蓋本是未定稿，刻本又加更正也。文達有硃墨圈點，眉上有朱墨評校，卷末有題識三處、跋一通，蓋過目三次矣。卷九首頁有「春飃校定」（白長方）、「瀛海紀氏閲微草堂藏書之印」（朱長方，甚精），後有「昀印」（白長）、「春」「飃」（朱方）。跋語、批評，另録於新本《玉臺新詠》上。

玉臺新詠考異十卷

《畿輔叢書》本。徐行可據舊抄本校。此書署名爲紀容舒，實紀文達所作，歸美于親。其容舒自序，抄本與刻本不同者有數處，皆文達臨時更改，削己之事實，改父之年紀也。

乾隆壬申（「壬申」抄本作「壬午」）。乙亥六月（「乙亥」作「辛卯」）。余自雲南乞養歸（作「予自西域從軍歸」）。林居無事（作「是歲十月再入東觀」）。乾隆丁丑（作「戊辰」）。紀容舒序（作「紀昀書」）。

樂府詩集

陸敕先校。據馮定遠校本，毛晉、趙均校本。有四跋。「陸印貽典」（白方）。顧澗薲藏書。

樂府詩集一百卷

有至元六年李素光序。元刊，有明補。别下齋藏書。十一行，二十字。

詩紀一百五十六卷

明刊。嘉靖庚申巡按陝西監察御史兼提督學校事甄敬序，嘉靖戊午翰林院國史檢討張四維序。凡例二十八則。《引用諸書·別集》之末，有「泰州知州李宗督刊，儒學生員王琮校正」二行。有「季滄葦藏書」（朱小長方）、「衣文庫」（朱長方）。

此本乃合兩刻而成，行款及每卷書題行款略異如下：

魏詩略卷之八

北海馮惟訥編

右字方，似嘉靖刻。九行，二十二字。板略寬大。

詩紀卷之六

漢六

右字圓，似隆慶刊。九行，二十一字。板略狹小。前集卷一有「巡按陝西監察御史太原甄敬（載）［裁］正　陝西按察司僉事北海馮惟訥彙編」兩行。餘卷無。「泰州……李督刊」云云二行，亦此種。

細目

前集十卷

古詩

正集一百三十卷

漢詩紀十卷（每朝各目分一卷）

魏詩紀九卷

吳詩紀一卷

晉詩紀二十四卷

宋詩紀十一卷

齊詩紀八卷

梁詩紀三十四卷

陳詩紀十卷

北魏詩紀二卷

北齊詩紀二卷

北周詩紀八卷

隋詩紀十一卷

外集四卷

仙詩鬼詩

別集十二卷
統論二卷
品藻六卷
雜載二卷
辨誣一卷（駁異附）
志疑一卷

明馮惟訥所編《詩紀》，《四庫提要》目爲採珠之滄海，伐木之［鄧］林，斷非《詩所》、《（取）［類］苑》、《詩乘》諸書所可及。推許可謂至矣。予謂其書之佳，不僅在搜採之博，而在不以私意去取。其《凡例》中有云：「將以著詩體之興革，觀政俗之升降，資文園之博綜，羅古什之散亡，故備録之，不暇選輯。」蓋所採均爲足本。架上有《陶靖節集》，試以校之，果一首不遺。此蓋真知存古，而斷非其他選本所能望其肩背矣。惟《四庫》著録乃吳琯重刻本，謂「原刻拙劣，故捨彼取此」。至張文襄《書目答問》于此書則注原刻，《郘亭書目》且云「原刊本最善」。兩説不同，未知孰當。竊意明刻至萬曆始劣，嘉靖刻工，何能萬過于嘉？況翻刻能逮原刻者甚少，頗疑當時所見或是明時坊刻，誤以爲原刻，故斥之。然此書吳刻間有，原刻（善本書室有之）絶稀，無由證此説也。此本乃季滄葦藏書，一開卷間，精彩照人，不問而知前説之確矣。原有缺卷，乃配補成全帙者（目録時有挖補，蓋當時改其卷第，欲充全帙者）。有「衣文庫」（朱长方),乃日本人所藏。略有補抄,頗精整,亦日人筆也。謂不得見其書,忽能得之,故書以誌快。

細觀全書,有數册乃别一本,行款略有不同(書題略别,一每行二十一字,一二十二字),筆方,決爲嘉靖刊。其餘則圓筆,似隆慶刊。《外集》之末,尚有「泰州知州李(宋)[宗]督刊」等二行(他卷亦間有之),疑此本乃隆慶中泰州刊本。其補卷則是原刻。前之兩刻並精,無一拙劣者耳,暗度未知確否,姑誌之。越日又記。

萬首唐人絶句二十六卷

范氏天一閣藏書。阮、薛二目均著録,惟《阮目》作三十六卷,《薛目》作二十六卷全。兩目不一。以書證之,則以《薛目》爲確。此書本一百一卷,薛氏殆因書與目録相合,故謂之「全」。今細察目録之末頁,紙色略差,似係當時補刻,而書口有「德星堂」三字,恐是此堂得殘本二十六卷,去其全目,而於二十六卷後補刻其跋,不知汪綱跋中明言一百一卷也。然補板仍屬嘉靖,則無可疑。此書完本極少,《四庫》據内府藏宋本,亦僅九十一卷。内五言十六卷,七言七十五卷,知所缺爲五言九卷、六言一卷。此書固可補其缺。書初自范氏散出,知其不足,棄置未加考查。頃病中無事,偶徧檢各家書目,僅張金吾有嘉靖刻全書一部,其餘(概)[晚]近各藏家,無一有此書者(有藏四十卷者,乃明趙宧光合併本)。張氏書現散失,則此二十六卷本亦甚可貴。五六言既完全,亦可作一段落也。因書此以識輕忽之過。時辛巳仲春,蟫隱記。

《張目》未録嘉靖重刻跋，兹補録如下：

《萬首唐絶句詩》自宋刻迄今，又多漫謬蠹闕矣。都憲陳公，俾愚領校刊之任。愚雖三年勞於兹，亦烏能免譌舛之非乎哉。惟昔始之以淳熙庚子，而今繼之以嘉靖庚子，數之偶然，有可識焉耳。辛丑人日，姑蘇門生陳敬學書。

《阮目》謂有明嘉定新安吳格小識。以宋人爲明人，明安有嘉定年號耶？又《阮目》别有七十五卷一種，當是一書，因合二十六、七十五，恰成一百一卷也。當時范氏或因此本不足，更取他本補之。七言本自卷一起，不與五言銜接，所配補書之紙張，闊狹又必不同，阮氏遂以爲二書。至薛氏編目時，此七五卷本已無存。書之難聚易散也如此。

中州集

元刊小字本。雙框，雙魚尾，白口。十四行，二十八字。

國朝風雅七卷雜編三卷

元刊元印。半頁十行，行十八字。卷末有黄蕘圃跋云：

右香巖書屋所藏殘本，與此刻正同。其中詩人姓名履歷附録于此，以備參考。蕘翁。（姓名履歷不録）

每册首有「汪士鐘印」、「閬源珍賞」二印。

皇元風雅後集六卷

元刊元印本。每半頁十三行，行二十一字。目後有牌子云：「本堂今求名公詩篇，隨得即刊，難以人品齒爵爲序，四方吟壇士友，幸勿責其錯綜之編。倘有佳章，毋惜附示，庶無滄海遺珠之歎云。李氏建安書堂謹咨。」有「大興朱氏竹君藏書之印」、「朱筠竹君茉花吟舫」等印。

唐音集注

元刊本，元印。《唐詩始音》一卷，《唐詩正音》六卷，《唐音遺響》五卷。虞集序，至正四年八月朔日楊士弘自序。凡例。《始音》目録後有「三峯記」正書印，香爐式。又「建安葉氏鼎新繡梓」牌子（二行）。每卷題「襄城楊士弘伯謙編次，新淦張震文亮輯注」二行。半頁九行，十八字，注同。黑口，雙框，雙魚尾。

「四明盧氏抱經樓藏書印」（白方）、「周氏汝象」（朱方）、「惠棟之印」（白方）、「字曰定宇」（朱方）。

唐詩紀一百七十卷

明吴琯輯。前有萬曆乙酉李維楨序，方阮序。萬曆刊本。一名《初盛唐詩紀》。

百家唐詩

明刻。前有序，不署「名」。有《唐詩品》，題「大明徐獻忠著」。自太宗至羅虬共八十三人，即諸家詩評也。後有嘉靖朱警跋。

唐百家詩後話

先大人馳心唐藝，篤論詞華，乃雜取宋刻，裒爲百家。初以晚唐諸子格詞卑下，欲加删易，林丘薄暮，含情玄澹，不事文言，遂成遺志。予小子譾薄無似，未敢輕議。友人徐君伯臣作《唐詩品》一卷，其論三變之源委，探諸子之悰意，各深其義，如抵諸掌，雖古之善言者，曷以加焉。遂乃徇其所尚，差爲品目，於舊本之外補入一十二家，而以徐君所撰冠諸其端。夫鐘石不畢陳，則宫商莫辨；藍朱[不]錯出，則采緑靡先，斯固理之常然也。今觀徐君之品，則孅好之形不惑于貞觀，體裁之輓各司于定見。要之纖雅之論無移，而玄黄之辨已著。有目者固宜其覩，又誰得而泯焉。嘉靖庚子之秋，華亭朱警識。

唐十二家詩

明朱之藩輯刊。明人刻唐詩者極夥，然單行之足本甚少，非覆宋書棚本之《唐人小集》，即自加選輯，率意去取，雖汗牛充棟不足觀也。此本朱氏自序，稱「不忍獨杼管見，妄爲去取」，誠爲通論。而就其中之劉長卿一家，以明弘治中李士脩刊《隨州集》校之，一字未删。李本出於宋刊足本，則此集之各家底本必爲善刻可知。其各詩之序跋亦均未删薙，他刻之任情去留者迥不侔矣。惟各家無論幾卷皆合併爲一，未免武斷。詩集之單刊本，究有足者，至各家合刊之足本，僅見此集及龔半千之《中晚唐詩紀》而已。此集傳本極少，其序中言尚刊有《唐二十六家詩》，則絶未寓目矣。丁巳五月，上虞羅振常誌于蟫隱廬。

唐宋婦人集

唐女郎魚玄機詩

後有嘉慶八年黄丕烈跋。前有「小雅」(朱腰圓)、「項元汴印」(朱方)、「子京父印」(朱方)、「項墨林鑑賞章」(白方)。後有「臨安(書)[府]棚北睦親坊南陳宅書籍鋪印」一行。「墨林秘玩」(朱方)、「項子京家珍藏」(朱長方)、「惕甫經眼」(朱長方)、「百宋一廛」(白長方)、「黄丕烈」(白方)。十行,十八字。

楊太后宫詞

前有毛子晉序。「毛鳳苞印」(方印,「鳳苞」白「毛印」朱)、「子晉氏」(方印,「子晉」白「氏」朱)。第一頁有「孫從添印」(白方)、「慶增氏」(朱方)、「子晉」(朱方,蝌蚪文)、「毛」(朱圓)、「鳳苞」(白方)、「耦耕堂印」(白方)、「錢允治印」(白方)。後有嘉慶十五年黄跋。

緑窗遺稿

前有泰定五年傅若金序。後有嘉慶己卯黄跋。

扶輪集□卷

崇禎刊本。茂苑楊廷樞維斗、婁東顧夢麟麟士參訂,錫山黄傳祖心甫選訂。前有婁江社弟吳偉業序,同邑社盟弟錢湦吉序,崇禎甲申春仲社弟徐波序,傳祖自序。次凡例十則。姓氏共二百二十一人,釋子、閨秀均有，閨秀中有翁孺安、柳如是之詩。

全唐詩話六卷

明刻。萬曆戊申吳興郡沈儆炌序，即刻書者。活體，大字。

增修詩話總龜前集四十八卷後集五十卷

明刻。宋阮閱閎休編，明程（桄）〔珖〕舜用校，明宗室月窗道人刊。嘉靖甲辰張嘉秀序，李易序。次「集一百家詩話總龜總目」，實即所引書名也。分「聖製」、「忠義」等若干門。有「孫星衍印」（白方）、「東魯觀察使者」（白長方）。後有嘉靖乙巳青陽程珖跋。

詩林廣記前集二十卷後集二十卷

半頁十行，行二十一字。似明初刊。

樵歌三卷

傳抄本。宋朱敦儒撰。後補詞一闋，注「據《詞綜》補」。

零珠詞一卷

長洲孫麟趾撰。咸豐丙辰刊本。有「長洲潘鍾瑞廔生所得」（朱方）、「鍾瑞」（朱方）、「廔生」（白方）、「瘦羊居士」（白長方）諸記。并潘氏手跋二則：

先生十五種詞，板現失於江右。同人究心樂府者，以得見《零珠詞》爲快。余獨於坊間購得全集，尤爲稀有，庚申寇陷郡城，遂失去。嗣後不復得先生音耗，蓋已歿於亂矣。遇江山劉君泖生於滬上，道及先生，相與唏嘘。因出篋中所存此卷，與《采藥詞》、《秦淮枯柳倡和詞》并以見貽，曰：「是宜吾子藏之。」泖生之意可感也。同邑潘鍾瑞記。

《采藥詞》在十五種之外，先生歸里後續著也。嗣又幕游寶山，有《海角詞》之刻，則未及播遠而亂作，故泖生處無之。《枯柳倡和詞》陸續添刻，子繡族叔詞後，余亦有《臺城路》一闋，此印本尚未刻入。繼余作者，更不可知矣。瘦羊又記。

種芸詞二卷

批本。嘉興馮登府雲伯撰。郭頻伽批改删訂，有全首删除者，有改抹甚多者。有「太史公小諸侯」（白方）、「太史令」（白方）、「種芸舘主」（朱方）、「雲伯」（白方）、「馮行三」（朱方）諸印。前有郭頻伽題識：

乙酉五月廿又九日，浮眉郭麐讀一過。疏雋之味，邁往之思，真足繼響朱、陳。中有微疵，僭爲點出。又與前人同題而不能勝前人者，亦儗删去。浮眉記。

再，集中多刻古字，於詞不稱。辟如香茗醇醪而實以俎豆，阮咸尺八而佐以柷敔，亦使人不懽耳。商之。又記。

花間集十卷補二卷

宋趙崇祚集，明温博點句并補輯，茅一楨校釋。前有歐陽炯序，目録後有牌子三行，曰「萬曆商横执徐之歲朱夏日歸安茅氏雕於淩霞山房」。後附《音釋補》，有烏程温博序，稱「據建康本校讐」。半頁九行，十八字。軟體，精刻。

尊前集二卷

前有萬曆壬午存一居士顧梧芳自序，每卷首有「明嘉禾顧梧芳編次，東吳史叔成釋」二行。有「松陵史蓉莊藏」（朱方）、「醉舫」（朱長方大印）。白口。九行，十一字。即顧氏原刻也。

花庵詞選

《唐宋諸賢絶妙詞選》□卷，《中興以來絶妙詞選》十卷。

萬曆楷字刻本。十行，二十字。板式如元本。書口有詞家姓名。

唐宋諸賢絶妙詞選三卷

汲古閣影宋抄本。前有目録。卷一爲《唐詩》，首李太白，終李後主，共二十一人，四十七首；二卷爲《宋詞上》，首歐陽永叔，訖王通叟，共二十四人，七十五首；三卷爲《宋詞下》，首章質夫，終曹元寵，共二十三人，五十首。目録及每卷首題「花庵詞客編」。半頁十行，行十七字。每人名大字跨行，每人下多注名字、仕履及詞品等。目三頁，卷一十三張，卷二二十四張，卷三十九張，共五十九張。每詞間有評數句或數行。

目録印　「汲古閣」（朱文長方）、「毛晉私印」（朱文方）、「子晉」（朱文方）、「修汲軒」（朱文長方）、

「汪士鐘藏」(白文長方)、「汪振勳印」(朱文方印)、「楳泉」(朱文方印)、「文登于氏小謨觴舘藏本」(白文長印)。共八方。

第一卷　「毛晉私印」(朱方)、「汲古主人」(朱方)、「汪士鐘讀書」(朱方)、「吳下□三」(朱方)、「紳之」(白長方)、「湘山心賞」(朱方)。共六方。

第二卷　「汲古閣」(朱長方)、「子晉」(朱方)、「平陽叔子」(朱長方)、「楳泉」(朱方)。共四方。

第三卷　「毛晉之印」(朱方)、「汲古閣」(朱方)、「梅泉」(白文長)。

第三[卷]尾　「修汲軒」(朱長方)、「東吳(王)[毛]氏圖書」(朱長方)、「子晉書印」(朱長方)、「汲古得修綆」(朱長方)、「振勳私印」(半朱半白方)、「某泉甫」(朱方)。共九方。

通共二十七方(内毛氏印十四方)。

唐宋諸賢絶妙詞選十卷

明覆元本。前有淳祐己酉前進士胡德方季直序。一卷爲《唐詞》,二以下爲《宋詞》,九爲《禪林》,十爲《閨秀》。目録後有「大宗伯印」(朱文)、「董其昌印」(白文)、「錦衣清暇」三印。白口。半頁十行,行二十字。書口魚尾上書本頁詞人名,人數首數與毛抄不同。其同者勌較一二首,如韋莊名下注「石晉□」,刻本譌爲「名晉」;「何□」,刻本譌「向」。詞句亦有不同,如王建古調「暗舞春風已舊」,「暗」譌爲「睹」是也。

篆文陽春白雪八卷別集一卷

大字。半頁七行，行九字。卷首次行題「明宗室岱翁述□」，書口上有「時習軒」三字。中有《篆詩餘》，每卷後附正書題詞「皇明宗室高唐王岱翁集篆」一行。仿宋刊，甚精，十四行，二十四字。

花草類編

舊抄本。此書殘本，挖補成四卷。每卷首題「元陳良弼輯，男世權校」。有「知不足齋藏書」（白方）、「鮑以文藏書記」（朱長方）二印。論字跡□過嘉慶時抄，但如「玄」字等廟諱，均不缺筆。有劉繼增跋，考之甚詳：

《花草類編》四卷。卷首皆題「元陳良弼輯，男世權校」。又有知不足齋、鮑以文藏書印。卷内有空處，似初訂稿本。又有補録及標簽處，似另出一手。施君子述校勘《詞律》時，得之南匯骨董家，初意其全，徐按之，已顛倒殘缺矣。今攜歸，屬余考證。予於陳良弼未詳其人，鮑氏印文亦無從辨證，獨以此本殘缺之故，斷在明季以前之物，可得而言焉。按詞分小令、中調、長調，始自《草堂詩餘》。此本合《花間集》爲名，而以調之長短類編之。今卷首既不書「小令」，乃獨於三卷内書「中調」，且記始於四十九字，則前此有闕可知。「長調」不止於《沁園春》，今本以「花草」名編，而《花》、《草》長調不盡載，則後此有闕可知。蓋當時書賈以舊本可珍，因其殘闕，割裂剜補成全，以居奇耳。今審其剜割之迹，卷一「一」字，是「二」字剜改。卷二「二」字，是「六」字剜改。其前兩頁，是從今卷三「中调」中割來；第三頁前四行，從本卷末割來。卷三「三」字，是卷「七」字剜改。卷四「四」字，是「十二」兩字剜改。約略言之，此書原本當有十餘卷，其分卷、頁數一徑割裂，或多於前耳。今卷三中「中調」二字前空四行，似備書卷第及編輯姓氏者，於此可見未剜前之卷第。合題名三行，尚是書成後添寫。鮑氏圖章切近題名筆跡，又於卷四末行作押尾，是添寫卷第而後又經殘闕，始爲鮑氏所得矣。此書真僞雖不可考，斷在明季以前未刻稿本。陳耀文《花草粹編》豈據以爲藍本耶？不然，惟有《粹編》，何必更爲此作哉？其間補注籤説，文字頗不俗，殆亦陳、鮑之流歟？歆（署）［暑］不及細校，略志所見，以歸施君寶庋之。光緒甲申夏六月，劉繼增。（「石香」朱长方）

彙選歷代名賢詞府十卷

明嘉萬間刊本。《詞》八卷，第九卷爲《附集》，終卷爲《中原音韻》（元周德清撰）。題「鏞溪逸史編，一得山人點校」。前有敘略及歷代英賢敘次，後有一得山人跋（印「汪氏惟□」）。鏞溪逸史不知爲何人，然以劉龍洲爲明人，其陋可知。殆明時坊間纂録，以《草堂詩餘》爲底本而加以增輯者，歷來詞目及藏書目中皆未著録。在當時雖爲坊刻，然今日得之，亦殊可貴，蓋所輯既多，所據又是舊本。名家詞集譌奪者多矣，以此等選本校之補之，必非無（稗）［裨］也。乙巳中秋後二日。

歷代宮詞

萬曆精刊本。《歷代宮詞》二卷，明林志尹輯。前有晉安陳薦夫幼孺序，第一卷爲唐王建，蜀花蕊夫人，宋王珪、徽宗皇帝，共四家，五百九十二首。二卷明周王一百二首、寧獻王一百七首、王叔承一百首、沈行集句一百二十首，共四百二十九首。一卷四家流傳頗廣，二(家)〔卷〕四家所作則鮮傳本。尤以周王百首，其事實乃得之曾居元宮之一老嫗，是爲《元宮詞》，可補史乘之缺。沈行乃集前人成句，亦有巧思。陳幼孺序文章爾雅，乃摹徐陵《玉臺新詠序》者，不類明人筆墨。周王者周定櫹，明高祖第五子，《明史》稱其「好學工詞賦，嘗作《元宮詞》百章」。寧獻王諱權，高祖第十七子，因避讒，托志翀舉，自號臞仙，即詩序所署也，亦見《明史》。《千頃堂書目》(三十一卷總集類)著録作「林□□《歷代宮詞》四卷」，亦有譌誤。原書第一頁本有輯者姓名，後經人挖除，而作「陶石貴、葉苔山、李九我」。明人重科第，苟作者無顯名，則別取達者代之，此當時書坊之陋習。然觀陳序，知輯者爲林志尹，特不知其名耳。原書祇二卷，觀序中言「上下四朝，古今千首」。「四朝」者，爲唐、蜀、宋、明；「千首」者，上下卷合得一千十九首，安得更有他卷。黄氏于明人撰著搜求極博，然亦偶有脱漏，且未見之書，亦往往但著書名，不著卷數及作者。余遇舊籍，輒爲補正。此書亦其一也。

詞家玉律

稿本。梁溪王一元纂。前有康熙癸未自序及《漫言》。計小令五卷，中調四卷，長調七卷，都十六卷，《補遺》及一調各體附焉。一元字逸其，康熙中進士，官靈臺縣知縣，著述甚多。其事跡見《小峴山人集》及《無錫縣志》。此書釐訂《詞律》，精審周詳，實紅友之功臣。有「誤編」一目，皆字數誤算未及更正者，蓋猶是手寫未定之稿。留心梁溪文獻者，可不寶諸？丙辰十月二十二日。

菉斐軒詩詞韻

《詩韻》一卷，《詞林韻釋》一卷。半頁八行，每行大字八格，小字四當大字一。書口上有「菉斐軒」三字，下有「紹興□年刻」五字，《詩韻》爲「五年」，《詞韻》「二年」。《詩韻》無注。二種末頁各有「充提舉茶鹽司幹辦公事胡方總督」小字一行。形式如南陵徐氏藏本，同似明翻宋本。

樂府古題要解

何義門批本。《樂府古題要解》二卷，唐吴兢撰。汲古閣刊，何義門批。有「秀水莊氏蘭味軒收藏印」（朱方）、「養德齋」（朱長方）二記，後有「小天籟閣」（朱方）、「新安項源漢泉氏一字曰芝房印記」（朱長方）。何義門批校各則如下：

序　雜採舊説，無所發明，雖不作可也。何焯。

「向編次之」，「向」疑「因」。

《平陵東》　左右詞，「平陵東，松柏桐，不知何人劫義公」。「此漢翟義門「人」所作也。義，丞「相」方進之少子，字文中，爲東郡太守，以王莽簒漢，起兵誅之，不克而見害，門人作歌怨之」。

此歌自制，京兆不治，五陵之内，盗賊縱横耳。翟方進未嘗徙平陵，義之死又在固始界中，雖宰相子，位不至公，因一「義」字，遂從而附會，亦《詩小序》之流弊乎。

《烏夜啼》「叩齋閤」，「閤」改「閣」。

《日重光》「右爲漢明帝樂人所作也。明帝爲太子時，樂人作歌詩四章，以贊太子之德」。

漢明帝因《尚書璇璣鈐》有作「樂名平」之讖，改太樂爲太平樂官，事在永平三年秋。傳寫訛「平」爲「子」，而崔豹《古今注》妄爲説以實之。徐堅撰《初學記》，遂仍其誤。西齋史家，何亦莫之是正也。天子當陽，儲宮義兼臣子，而樂人遽歌其德，以悖被管絃，不亦悖乎？此尤不可不祛其惑。

「三月星重輝」，「月」改「日」。

《關山月》「右皆言傷離別也」。

《關山月》是傷征戍之詞。《史記・匈奴傳》：「舉事而候星月，月盛壯則攻戰，月虧則退兵。」疑以此取義也。

《妾薄命編》一曹植「日月既逝西藏」，蓋恨宴私之歡不久，如梁簡文「名都多麗質」，傷良人不返，王嬙遠聘，盧姬嫁遲。嫱即王昭君也。

《漢書・外戚傳》：以災異省減椒房（擁）［掖］庭用度，如竟寧以前故事，孝成許皇后上疏云，「妾薄命，端遇竟（陵）［寧］前」。

喬夢符樂府一卷

舊抄。十一頁。第二行題「文林郎雙門吟隱拜校」。末頁有厲樊榭跋，跋後有「咸豐丁巳正月蟫隱文房校本重録丹鉛精舍記」題識二行。後附補遺一首，乃據成化《杭州府志·記遺》録入，當是勞氏所補。後又有樊榭跋，則與刻本相同，當亦劳氏補入者。衹六十首，然以校刻本，内有十六首爲刻本所無，亦可取也。

此卷乃元惺惺道人喬吉《夢符小令》，明章丘李中麓曾刻之，不知何以題作「文湖州詞」，亟當改正。雍正壬子冬十月二日，古杭厲鶚太鴻記。時在揚州寓齋。

樂府羣玉五卷

不著編者姓字。棉紙，藍格，明時寫本。四明范氏天一閣藏書也（見《天一閣書目》卷四之四「詞曲類」、《天一閣現存書目》卷□□）。除范氏《書目》外，惟錢竹汀《補元史藝文志》「詞曲類」一載其名。又《愛日精廬藏書志》卷三十六「樂府類」汲古閣影元抄本《張小山樂府》後，載毛斧季跋語云：「李開先求張小山全詞不得，乃就選詞八書中輯成二卷，下注八書之名，《樂府羣玉》即居其一。」其餘他家皆未著録，即《補志》中亦不著卷數，頗疑竹汀未見原書，但據斧季跋語録其名耳。此編所列，自劉時中以下共二十一家，皆元人。元人劇曲存世絶少（元曲等皆經明人增潤，非原文），雜劇衹見士禮居所藏之元刊《三十種曲》，而小令套數除張小山、［喬］夢符二家及《陽春白雪》一二種外，殆無他書。嘗就李氏所輯張、喬二家小令以［校］此本，則張多出十一首，喬多出十二首。中麓本據此書採輯，既欲得全詞，宜不厭其多，何以有二十餘首不收？疑李之所見，尚非五卷足本，可見此書在明時已罕觀矣。歲甲寅，天一閣存書散出，適予歸自扶桑，各書多得寓目。秘籍雖多，力不能致，惟此種萬不肯捨，典質出重資以購之。平生喜蓄詞曲，而佳刻罕覯，今得此孤本，足以豪矣。乙卯初秋付裝，裝成特題其端。上虞羅振常。

卷内諸家事蹟略考：

劉時中：徐氏覆元刊《陽春白雪》中亦有時中樂府，作「古洪劉時中」。

任則明

趙文寶：名善慶，又作孟慶，字文賢。饒州樂平人。所作雜劇七律，見《録鬼簿》及《太和正音譜》。

曹明善

喬夢符：名吉。太原人。有《惺惺道人樂府》一卷。明李開先輯有刊本。所著雜劇十一種，見《録鬼簿》。余又見《李太白（近）［匹］配金錢記》一種，亦夢符著，萬曆中唐氏刊本，《録鬼簿》中無之。

李致遠：所作有《都孔目風雨還（宋）［牢］末》，《元曲選》録之。

王日華：名曄。杭州人。所作雜劇三本，見《録鬼簿》。日華嘗輯列代優人之有聞於世者，自優孟以至金人玳瑁頭，凡若干則，見《楊鐵崖文集》。

陳德和

徐祺齋

馬致遠：號東籬。大都人。江浙行省務官。所作雜劇十四種，見《録鬼簿》及《太和正音譜》。《陽春白雪》中亦録其小令，士禮居藏曲中有《泰華山陳摶高臥》一本，即東籬作也。

周仲彬：名文質。建德人，後居杭州。就路吏。所作雜劇四種，見《太和正音譜》。

張子堅

鄭德輝：名光祖。平陽襄陵人。以儒補杭州路吏。所作雜劇十九種，見《太和正音譜》等，《元曲選》中有三種。士禮居藏曲中有《輔成王周公攝政》一本，即德輝作。

鍾醜齋：名嗣成，字繼先，醜齋其號也。大梁人。所作劇曲七種，《録鬼簿後序》著于《録鬼簿》，行于世。

貫酸齋：名雲石。《陽春白雪》前序即酸齋作。

鍾繼仙：當即醜齋。

王仲元：杭州人。所作劇曲三種，見《録鬼簿》。

吴克齋：名弘道，字仁卿，克齋其號也。仕至府判。有劇曲五本，見《録鬼薄》及《太和正音譜》。

邱士元

張小山：名可久，字伯遠，小山其號也。慶元人。以路吏轉首領。有《小令》二卷，明李開先輯。《陽春白雪》中亦有其樂府。李中麓謂「即所謂民務官，如今之課税局大使也」。

高敬臣

新編楊椒山蚺蛇膽二卷

容城縣教諭瑯琊丁耀亢野鶴撰，忠愍裔孫楊遠條校。順治己亥刊本。各曲目中皆未見著録。耀亢號野鶴，《依水園集》有《贈丁野鶴》詩，蓋亦當時聞人也。前有郭棻序，稱此本相國馮公、司農傅公本欲進呈，以後疏一摺有激論（激）觸目，屬爲改正。野鶴不可，乃止。此與竹垞不肯删《風懷詩》正同。蓋文人屬筆有得，欲存其真，固不屑於時許之榮辱也。此本傳刻極少，丁巳仲秋得之海上。時中秋後二日，上虞羅振常并誌。

李卓吾批評紅拂記二卷

題「虎林容與堂梓」。書口有「容與堂」三字。萬曆刊。眉上有批。圖二十幅，甚精。

北紅拂記雜劇

前有意在亭主人序，印爲「孫起都印」、「子京氏」。次有即空觀主人凌波小引，印「别名凌波一字遐岸」，即初（城）［成］也。小引之意，以爲張作最舛者爲髯客，所居第二流，故自王扶餘，乃謂「其以□禽高麗，稱臣唐室，必無是理」，故以北調易之而填此曲。像八幅，絶精。其目爲「衛公獻策」、「紅拂更探」、「逆旅逢豪」、「楸□驚異」、「傾家贈友」、「蹈海圖王」、「正位傳書」、「聞音瀝酒」。圖後有凌初成跋，謂乃馬雲字猶龍所繪，今以字行，改字辰翁云云。前有楔子，後四齣朱墨套印，有朱眉批圈點。未見著録。皆北調，每齣皆數人唱。

北紅拂記傳奇一卷

題「鵲玉亭填詞」，自序署「柳山」。序跋甚多，前有尤侗序，毛際可序，柳山自序，後有胡其毅跋，癸酉首春杜琰跋，癸酉仲春王裕跋，癸酉菊月程麟德跋，朱彝尊跋，丁丑某跋（名失去）。全書分十齣，用北調而數人分唱，與凌書同。自序稱：偶得凌初成填詞三本，三人各爲一齣，文義雖屬重複，而所論甚快，筆仿元人，但不可演戲，因爲之添減，得十齣。敘事凌本甚富，但填詞少不稱序，已爲之改正云。

此書除合併凌曲外，更增添「客採藥」一折。所謂三記，蓋衛公、紅拂、髯客各爲一記也。胡跋有「昔公家子建謂」，作者當姓曹。尤序稱「張伯起《紅拂記》，凌初成更爲北劇，但一事分爲三記，有疊床架屋之病。柳山先生復□而合之，自吳遊越，五日倚舟脱稿。歸授家伶，予從曲宴得寓目焉。既復示予此本，則案□之書，場上之曲，兩臻其如，於是擊節嘆賞而題其後」。

傳奇八種

右傳奇共八種。前無總目，不知何氏刻。當時所刊，必不祇此，此特其殘本耳。觀《喜逢春》一劇，演魏忠賢事，而凡遇聖上、朝廷等字猶空格，知爲明末刊。觀其圖畫，雖非盛明諸劇比，然亦非國初以下筆也。八種之中，惟《春燈謎》、《荷花蕩》二種，近貴池劉氏刻之，《花筵賺》、《鴛鴦棒》，有康熙間芥子園刊本，然亦難得，餘四種明時、近代均少傳刻，甚可貴矣。此明刊，而范文若等或以爲國朝人者，當是没于國初耳。兹次第其時代，爲補一目，并考作者名氏如次，用質之顧曲家焉。丙辰孟冬十八日。

繡像傳奇十種

明萬曆金陵唐氏刻本，有圖。

《牡丹亭記》

《蕉帕記》

《四美記》

《魚籃記》

《義俠記》

《浣紗記》

《雲臺記》

《米欄記》

《易鞋記》

《還魂記》

富春堂繡刻演劇□種

第五套

《管鮑分金記》　明葉良表撰。（《曲品》、《傳奇彙考》、《曲録》四）

《何文秀玉釵記》　心一山人編次。明陸江樓，杭州人。（《曲品》、《傳奇彙考》、《曲海目》）

《吕蒙正破窑記》（一作《吕蒙正風雪破窑記》）　元王實父。（《録鬼簿》、《雜劇》）　又關漢卿。（《録鬼簿》、《雜劇》）

《劉玄德三顧草廬記》

《徐孝克孝義祝髮記》　吳下張伯起編。明張鳳翼，字伯起，長洲人。（《曲品》、《傳奇彙考》、《曲海目》）

《韓朋十義記》　豫章寅所羅祐音注。

《商輅三元記》　明沈受先撰。

《周羽教子尋親記》　劍池王錂重訂。

《范雎綈袍記》　無名氏。（《曲品》）

《南西厢記》　李日華。

第六套

《唐朝張巡許遠雙忠記》　明姚慕良撰。字靜山，武康人。（《傳奇彙考》、《曲海目》）

《劉智遠白兔記》　豫人敬謝天祐校。

《司馬相如琴心記》

《岳飛破虜東窗記》　姚慕良。即《精忠記》。（《六十種曲》本）　又元金仁傑《秦太師東窗事犯》。元孔(氏)[文]卿。（《雜劇》）

《韓湘子九度文公昇僊記》

《姜詩躍鯉記》　明陳羆。（《傳奇彙考》）

《青袍記》

《王昭君出塞和戎記》　元張時起。（《録鬼簿》、《雜劇曲》）

《薛平遼金貂記》、《下高麗敬德不服老》（《曲録》注□楊梓，據《鹽邑志林》中《樂郊私語》）

《觀世音修竹香山記》

二太史樂府聯璧四卷

明刻。前二卷爲《洴東樂府》，明康海撰，題「洴東漁父著」。前有正德八年洴東漁父自序，後有張吉士跋，又有嘉靖甲申弟浩識語。後二卷爲《碧山樂府》，明王九思撰，題「紫閣山人著」。明末刊大字本也。

詞林白雪八卷

明淝水竇彥斌選。皆小令散套。前有圖，萬曆刊本。

白雪齋選定樂府吴騷合編四卷

明板。題「騷隱居士選輯」，有「楚叔」印。半嶺道人删訂。所選皆明人散套，繪圖極精細。有花衵上人許當世序，崇禎丁丑騷隱居士楚叔父序，半嶺道人旭初氏跋。

彙纂元譜南曲九宮正始

題「雲間徐子室撰」。乃明人曲譜，卷帙不完。

欽定四庫全書零册

白紙，朱絲格，工楷書。每半頁八行，每行二十一字。每書第一行題「欽定四庫全書」，次行低一格寫書名，第三行低二格書(題)「[提]要」，第四行爲(題)[提]要正文，則低四格。提要後有題銜二行，曰「總纂官臣紀昀、臣陸錫熊、臣孫士毅」，曰「總校官臣陸費墀」(各書均同)。各書卷首第一行仍「欽定四庫全書」，次行低一格寫「某書卷幾」。第三行下方題撰人。每卷終陰面末一行低一格書「某書卷幾」。卷後白紙附頁陽面右下方題銜三行，曰「總校官編修(總校亦有檢討)臣某」，曰「編修臣某」，曰「校對官監生(校對亦有生員某)臣某」。每册前白紙附頁陰面左下方有黄紙粘書題銜一行，曰「詳校官編修(或御史)臣某」。紬面外籤黑框，中間書「欽定四庫全書」，字稍大(如蓮實大)，下雙行，右方書「□部」(經史子集也)，左方「某書卷幾至幾」。每册第一頁陽面正中有印曰「古稀天子之寶」，陰文，約徑二寸。末頁完結處正中(或陰面或陽面)有印曰「乾隆御覽之寶」，陽文，約徑一寸五分。册面紬分四色：經緑色，史紅，子蛋青色，集豆沙色。如明裝，不用線訂。册縱七八寸，横五寸弱。

永樂大典（殘本）

壬子十一月，董授經京卿自北京購得殘本共十七册。硬裝，黄絹面。面積闊八寸半（裁衣尺），長一尺四寸四分弱，厚四分左右。粘黄絹籤，題大字「永樂大典」，旁注「卷第□至第□」。右方粘方絹塊，首行記韻（如二支），次行書數（如「九十」，謂二支韻第九十卷也）。每一册概二三卷，一卷者較少。宣紙，朱絲格，黑口，附著魚尾記書名卷數，下方記頁數。半頁八行，每卷除書題及韻字二行外，其所採書籍皆雙行。書之半頁共十六行，上方概空二格，除空格計二十八字，連空格則三十字，每小字二格當書題大字一格。大字徑七分左右，小字如□楷，約龍眼與蓮實之比例。字工整，每句加硃圈，誤字仍之，無添注塗改。書名皆硃書。一書既畢，接引他書，祇空格，不抬行。文之每篇、詩之每首亦皆空一格。夾注概偏右，單行。封面之陰多粘一紙（刻板，空白），記採輯卷中何書，蓋乾隆中自《永樂大典》内輯書時所用也。每册後有白紙附頁，甚狹，纔及半頁之半，似原爲整頁，後截去者，上記校録者姓名，蓋有明隆萬中重録之附本也。據授經京卿言，國初宫中打燈虎，取此書後附頁白紙書之，曾見某書，故每册後皆被截去也。

卷五百五十四至五百五十六　合一册（此册爲「一東二百三十九」）

此三卷皆爲「庸」字，《中庸》之第十三、十四、十五，所採爲朱子《章句》及以後宋儒諸説，册後題名爲「重録總校官侍郎高拱、學士瞿景淳，分校官中允張居正，書寫主簿高士怡，圈點監生周芬、曹臣」。

卷六百五十五至六百五十六　合一册（此册爲「一東二百八十八」）

此二册爲「雄」字，「南雄府」之二三。册後題名爲「重録總校官侍郎高拱、學士瞿景淳，分校官檢討馬自强，書寫儒士吕鳴瑞，圈點監生李莊春、蘇性愚」。

卷八百九十七至八百九十八　共一册（「二支九十」）

《永樂大典》卷八百九十七　二支

□□□詩　宋詩□（或無此項夾注）

右書題大字，韻名韻字皆中字，均單行，以下則雙行。

此册後所載之校録官姓名式如下：

重録總校官侍郎臣高拱

　學士臣瞿景淳

分校官洗馬臣林濂

書寫儒士臣程道南

圈點監生臣馬承志

　臣尼三傾

封面之陰面粘紙式如下：

纂修官劉鑒出第□卷内

八百九十七卷内　□集一條□頁至□頁，□集□條□頁至□頁（下同）

八百九十八卷内　□集一條□頁至□頁，□集□條□頁至□頁（下同）

共書□□種□□條

乾隆三十八年□月□日覆寫　謄録

卷九百十至卷九百十二　合一册（「二支九十六」）

此二卷爲「尸」字，十卷雜録，十一、二卷載二經。册後題名爲「重録總校官侍郎高拱、學士瞿景淳，分校官檢討馬自强，書寫儒士姜憲，圈點監生李莊春、蘇性愚」。

卷二千二百三十六至二千二百三十七　合一册（「六模□十□」）

此二卷爲「奴」字，採史書中匈奴之事。其中夾注亦有作雙行者，注中之注則加括弧。册後「重録總校官侍郎高拱、學士瞿景淳，分校官編修王希烈，書寫儒士某，圈點監生某某」。

卷二千二百七十二至二千二百七十四　合一册（「六模六十八」）

此二册爲「湖」字，皆詩。册後題名爲「重録總校官侍郎高拱、學士瞿景淳，分校官修撰丁世美（丁世美爲淮安人，曾見其誥命軸，似後爲侍讀或侍講），書寫生員陳晉卿，圈點監生祝廷君、曹惟章」。

卷二千二百七十九至二千二百八十一　合一册(「六模七十一」)

此三卷爲「湖」字,「湖州府」之五六七。册後題名爲「重録總校官侍郎高拱、學士瞿景淳,分校官編修陶大臨,書寫儒士黄邦琦,圈點監生叢仲楫、□□□」。

卷二千三百九十八至二千三百九十九(「六模一百二十七」)

此二卷爲「蘇」字,九十八卷爲蘇轍《宋史》本傳,九十九卷則《蘇穎濱年表》。册後題名爲「總校官侍郎高拱、學士瞿景淳,分校官編修吕旻,書寫儒士孫應鳳,圈點監生徐克私、傅拱□」。

卷二千六百三至二千六百四　合一册(「七皆六十二」)

此二卷爲「臺」字,□臺、□臺,如《韻府羣玉》,然此册上端微爛。册後題名爲「總校官侍郎高拱、學士瞿景淳,分校官編修張四維,書寫儒士張盛,圈點監生畢三留、傅道立」。

卷二千六百八至二千六百九　合一册(「七皆六十四」)

此二卷爲「臺」字,「御史臺」之三四。八卷載《元憲臺通紀》,九卷則《元憲臺通紀續集》。册後題名爲「總校官侍郎高拱、學士瞿景淳,分校官編修張四維,書寫儒士陸萬春,圈點監生畢三留、傅道立」。

卷二千七百三十七至二千七百三十八　合一册(「八灰三十五」)

此二卷爲「崔」字,採史書中崔姓之傳,皆唐人。册後題名爲「總校官侍郎高拱、學士瞿景淳,分校官諭德張居正，書寫序班吳繼芳，圈點監生周芬、曹忠」。（此卷有簽條，所採爲《古今記要》、《唐語林》、《元一統志》三種。）

卷六千八百二十六至六千八百二十七　合一册（「十八陽四百四十六」）

此二卷爲「王」字，所載皆王姓事蹟。册後題名爲「總校官侍郎高拱、學士陳以勤，分校官修撰丁世美，書寫生員崔光弼，圈點監生馬宗孝、扈進第」。

卷七千三百二十八　一册（「十八陽六百六十七」）

此卷爲「郎」字，雜採□郎、□郎。册後題名爲「總校官侍郎高拱、學士陳以勤，分校官編修王希烈，書寫儒士汪可宗，圈點監生敖河、孫世良」。

卷八千五百六十九至八千五百七十　合一册（「十九庚」）

此二卷爲「生」字，雜採（放生、殺生、非有先生等）。册後題名爲「總校官侍郎高拱、學士胡正蒙，分校官編修王希烈，書寫中書舍人李鳳士，圈點監生陳于廷、姚燦」。

卷八千六百四十七至八千六百四十八　合一册（「十九庚」）

此二卷爲「衡」字，「衡州府」之九、十，皆雜採。四十八卷爲《皇朝祭南岳詔書》，故擡頭處不少。册後題名爲「總校官侍郎高拱、學士胡正蒙，分校官侍讀王希烈，書寫主簿吳自成，圈點監生孫世良、敖河」。

卷八千七百八十二、三　合一册（「十九庚」）

此二卷爲「僧」字，雜採「諸僧」之四五。册後題名爲「總校官侍郎高拱、學士胡正蒙，分校官侍讀姜金和，書寫生員曹佳賓，圈點監生馬承志、吳璥」。

卷一萬三千十七　一册（「一送三百八十七」）

此卷爲「宋」字，所載爲《宋宗室世系表》之十八。册後題名爲「總校官侍郎秦鴻雷、學士胡正蒙，分校官修撰馬自强，書寫儒士姜憲，圈點監生李莊春、蘇性愚」。

全謝山《抄永樂大典記》稱：嘉靖四十一年，禁中失火，此書幸未被焚，遂詔閣臣徐階照式樵抄一部。當時書手一百八十一人，日抄三紙，至隆慶改元始畢。由是有正副二本。本朝正本藏乾清宫，副本不知置何所。《聖祖仁皇帝實録》成，詞臣屏當皇史宬書架，則副本在焉，因移貯翰林院云云。

此本即嘉靖所録之副本（時高拱、陳以勤、張居正等均未入閣）。惟全氏謂「每頁三十行，行二十八字」，今此本實三十二行，殆記載偶誤耳。

今賢彙説

嘉靖本。天一閣藏書。

是書散出時只七册，不知書名，幸其中夾有木刻書籤三，知爲此書。籤上有「木」、「火」、「土」等字，乃記之次序。特「五行」只可記五本，餘五本不知以何字記也。今存七册之細目如下（此書板刻行款與

《今獻彙言》全同）：

《古穰雜録》　南陽李賢　《歷代小史》

·《可齋雜記》　江南彭時　《四十家》本作《筆記二種》

《霏香録》　雒陽鎦績

《瑯琊漫抄》　吳郡文林□　《歷代小史》、《梓吳》本、《四十家小説》本

《縣笥瑣採》　吳郡劉昌　《梓吳》本、《四十家小説》本

《玉堂漫筆》　雲間陸深　《寶顔堂》本

·《聽雨纪談》　吳郡都穆□　《梓吳》本、《明四十家小説》本

·《客座新聞》　東吳沈周□　《名賢》

《百可漫志》　閩中陳鼐

《篷軒類記》　東吳黄暐

·《枝山前聞》　長洲祝允明

·《駒陰（兕）［冗］記》　古番蘭莊

《簷曝偶談》　吳郡顧元慶　《梓吳》本、《四十家小説》本

·《近峯聞畧》　吳郡皇甫録

·《草野纂聞》　吳郡伍餘福　《廣四十家小説》本
·《蘇談》　吳郡楊循吉　《梓吳》本、《四十家》本
·《仰山脞録》　江右闵文振
·《中州野録》　鄱陽程文愚
《紀善録》　吳門杜璚　《煙霞小説》本
·《畜德録》　四明陳沂
·《閒中古今録》　四明黄溥
·《緑雪亭雜言》　清江敖英
·《庚巳編》　長洲陸燦　《煙霞》、《名賢説海》本
·《涉異志》　江右閔文振
·《志怪録》　吳郡祝允明
·《西樵野記》　吳郡侯甸　《名賢》
《彙刻書目》載《名賢説海》，有隆慶間飛來山人小序，共書二十二種，與此同者十八種，即加點者是。此書所無者四種如下：
《三餘贅筆》　都卬

《西京雜記》

《續巳編》　郎瑛

《寓園雜記》　王錡

疑即此書所得亦不全本也，此有而彼無者八種。阮目作「《今賢彙説》十册」，薛目作「叢書七册」，注云：疑即舊目之「别本《今獻彙言》」。有細目與此同。薛氏及舊目蓋均未得其書名，阮氏亦得其書籤而知之。

唱經堂才子書彙稿

書面題此八字，作「吴門同學諸子校定，傳萬堂梓行」。前有順治己亥春日同學矍齋法記聖瑗序，又矍齋金昌名長文《唱經堂杜詩解》序。

唱經堂外書總目：

《第五才子書》、《第六才子書》、《唐才子（書）［詩］》、《必讀才子書》（以上刻書）

《杜詩解》四卷、《左傳釋》、《古詩解》二十首、《釋小雅》七首、《孟子解》、《歐陽永叔詞》

内書總目：

《法華百問》、《西城風俗記》（已刻）

《法華三昧》、《寶鏡三昧》、《聖日覺三昧》（以上結集未竟）

《周易義例全抄》（嗣刻）、《三十四卦全抄》（嗣刻）、《南華經抄》（嗣刻）

《通宗易論》、《語録類纂》四卷

雜篇：

《随手通》、《唱經堂詩文合集》（嗣刻）

同學有得遺稿者，乞盡録篇目，寄學易堂，以便徵刻。

梁元帝集等

明覆宋刻。

《梁元帝集》　十六葉

《梁宣帝集》　二葉

《陳後主集》　十二葉

《後周明帝集》　一葉

《隋煬帝集》　七葉

共一册。半頁十行，十八字。白口。

詩法源流

明李攀龍輯　萬曆精刻本。

鍾嶸《詩品》
賈浪僊《二南密旨》
白樂天《文苑詩格》
白樂天《金針詩格》
王少伯《詩格》
王少伯《詩中密旨》
李巨山《評詩格》
皎然《詩議》
皎然《中序》
皎然《詩式》
李洪宣《緣情手鑑詩格》
徐衍《風騷要式》
齊(民)[己]《風騷旨格》
文彧《詩格》
保暹《處囊訣》

虚中《流類手鑑》
淳大师《詩評》
王玄《詩中旨格》
炙轂子《詩格》
王夢蘭《詩要格律》
徐寅《雅道機要》
梅堯臣《續金針旨格》
梅堯臣《梅氏詩評》
張滋《詩學規範》
《唐子西文録》
《詩家一指》
嚴滄浪《詩法》
《沙中金集》
傅與礪《詩文正法》
傅與礪《詩法正論》

黄子肅《黄氏詩法》
《詩法正宗》
《詩文正法眼藏》
范德機《木天禁語》
范德機《詩學禁臠》
楊仲弘《詩法家數》
徐禎卿《談藝録》
《詩文要式》
《詩家集法》
《直庵三法》
《六言詩集》
《五倫詩選》
《世範詩鑒》
共四十三種

朱竹垞字册

共四頁。前有序(「玉带生」，文信國所遺硯也，今爲商邱宋公所藏。予見之吳下，既摹其銘，裝界之，且爲之歌曰……)。行書。末書「歲在屠維赤奮若蘭秋，小長蘆朱彝尊録寄西陂先生教正。時年八十有一」。有「小長蘆」(朱長方，八分書)、「竹垞老人」(朱方)、「錫鬯」(朱方)、「朱彝尊印」(白方)。前有「玉带生歌」題額四大字，八分書，亦竹垞筆也。後有楊文瑩跋。

善本書所見録補

上虞　羅振常子經撰

（明四家）［歷代］宮詞

《歷代宮詞》二卷，明林志尹輯。前有晉安陳薦夫幼孺序。第一卷爲唐王建，蜀花蕊夫人，宋王珪、徽宗皇帝，共四家，五百九十二首。二卷周王一百三首，寧獻王一百七首，王叔丞一百首，沈行集句一百二十首，共四家，四百三十首。一卷四家流傳頗廣，二卷四家所作則鮮傳本。尤以周王之作，其事實乃得之曾居元宮之一老嫗，是爲《元宮詞》，可補史乘之缺。沈行乃集前人成句，亦有巧思。陳幼孺序乃摹陳［徐］陵《玉臺新詠序》，文章爾雅，不類明人筆墨。周王者，周定王橚，高祖第五子，《明史》稱其「好學工詞賦，嘗作《元宮詞》百章」。寧獻王諱權，高祖第十七子，因避讒，託志翀舉，自號臞僊，即詩序所署之號也，亦見《明史》。此書《千頃堂書目》三十一卷總集類作「林□□《歷代宮詞》四卷」，殊有脱誤。原書第一頁本有輯者姓名，後經人挖除，而補作「陶石貴、葉苔山、李九我」。明人重科第，苟作者無顯名，則別取顯達者代之，此當時書坊之陋習。此三行字蹟與原刻不同，挖補顯然，初印者必有林氏之名也。然觀陳序，知輯者爲林志尹，特不知其名耳。原書衹兩卷，序中言「上下四朝，古今千首」。「四朝」者，唐、蜀、宋、明，「千首」者，上下卷合得千廿（一）［二］首，安得更有他卷。黄氏于明人撰著，搜羅極博，然亦偶有脱漏，且未見之書，亦往往但著書名，不著卷數及作者。余得舊籍，輒爲補正，此書亦其一也。

注：此篇已見於《善本書所見録》，文字有所增改。

朱淑真詩集

庚申正月二十三日，以元刊本《後集》校過。此刻的是元本，但有補板。天一閣本又是覆刻此本，故錯誤更多。此本比天一閣又多一卷，蓋彼本六、七卷間脱去兩頁，丁刻遂併爲一卷，乃又易卷八爲卷七，而諸家抄本亦無不如此，蓋同出一源。猶之《宋史・孝宗紀》、《文心雕龍・隱秀篇》既缺佚，遂不可再得也。此本較他本可補詩數首，補正之字更夥，真秘笈也。書爲休寧朱之赤藏。朱氏藏本多是佳本，但罕覯耳。振常記。

清江碧嶂集

《清江碧嶂集》，汲古閣曾刻入《詩詞雜俎》。此本爲知聖道齋、結一廬所舊藏，當與汲古所刊不同。惜篋中無汲古本，不得取而一校也。後跋當是張樸邨，樸邨名雲章，字漢瞻，陸稼書、王漁洋弟子，國初古文家也。著有《樸邨文集》二十四卷、《詩集》十三卷，刻本頗精。甲寅四月，購此册並記。

玉臺新詠

此九、十兩卷，評點原照手稿抄録。但徐本有較多處于稿本所無者，乃以徐本補之，知徐本之原本乃別一稿本也。

吳注抄本乃原稿，與後來刻本（玄字不避）不同，其去取頗採文達所定。書刻于乾隆三十九年，有（程）［徐］陵、阮學濬二序，言「删定吳注」，獨不及文達一語，異矣。

吳氏自序作于康熙乙卯，爲十四年，其始必在順治也。

乙卯之秋，有人自福州來，載蠹籍數篦。謂得自閩中舊家，中多殘籍，大率爲黄氏千頃堂故物，而亦有近時刊本。其人不別良窳，一例索重值，因檢謝在杭藏抄本數册，與紀文達手批此書，而議價不諧，獨留此，還其餘。蓋平日心儀文達爲人，見其手蹟不復能捨也。惟書僅存兩卷，其餘缺如，輒以爲憾。去年徐君行可恕爲言，篋中有傳録全本。自郵筒假來校之，兩本相同，因取吳注刊本，補録其前八卷，遂成完書，誠快事也。他山之益，永銘弗諼。時己未季冬八日，羅振常記。

類聚名賢樂府羣玉

《類聚名賢樂府羣玉》五卷，不著編者姓字。棉紙，藍格，明時精寫本，四明范氏天一閣藏書也。卷中遇「皇家」等字皆空格，則爲影寫元本無疑。見《天一閣書目》卷四之四詞曲類，又《天一閣現存書目》卷四詞曲類。此書除范氏《書目》外，惟錢大昕《補元史藝文志》一載其名。又明李開先所輯《張小山小令》，後跋稱「所採輯共八種」，《樂府羣玉》即居其一。《愛日精廬藏書志》汲古閣影元本《張小山樂府》後載毛斧季跋語，亦謂「李開先求張小山全詞不得，乃就選詞八（卷）［書］中輯成二卷」，下注八書之名，亦有此書。其餘他家皆未注録，雖素稱詞山曲海如也是園，其所藏亦缺此種。即錢氏載入《補志》，亦不著卷數，疑竹汀未見原書，但據中麓或斧季跋語録其名耳。此篇所列，自劉時中以下共二十一家。元人劇曲存世絶少，《元曲選》等皆經明人增潤，非原文，雜劇僅見士禮居所藏之元刊《三十種曲》。而小令套數，除張小山、喬夢符二家及《陽春白雪》等一二種外，殆無他書，此編其皇鳳矣。嘗就李氏所輯張、喬二家小令以校此本，則張多出十一首，喬多出十二首。中麓本就此書採輯，既欲得全詞，宜不厭其多，何以此二十餘首却不收入？疑李之所見，尚非足本。可見此書在明時已罕覯矣。歲甲寅，天一閣藏書散出，適予歸自扶桑，各書多得寓目，珍秘極夥，力不能致，惟此書萬不肯捨，因典質出重資以購之。平生喜蓄詞曲，而佳刻罕覯，今得此孤本，足以豪矣。乙卯初秋付裝，裝成漫題其端。上虞羅振常。

注：此篇已見於《善本書所見録》，内容有所增改。

順天張太史集

舊抄《張太史集》二卷，王文敏藏本，而卷中無題名。予讀之終篇，知爲國初張武承先生烈之作。先生順天大興人，故卷端題曰「順天張太史集」。性至孝，爲理學名儒。康熙九年進士，與陸清獻同年，卷中有《贈陸稼書同年》詩。授中書。十八年，殿試鴻博，授編修。與修《明史》，卷中有《上監修總憲徐立齋先生》詩。遷贊善。其學説篤守朱子，有《王學質疑》五卷，陸清獻嘗敘而刊之。又有《讀易日抄》六卷、《孜堂文集》二卷，《四庫》皆已著録。惟詩獨無，僅《畿輔詩傳》録其二首。此本卷中有《孜堂詩》，都六百餘首，乃其全集。殆先生殁後，經朋儕或門弟子搜集編定而未及刊行者。卷中間有眉批，論序次先後，又有闕句空字，知非先生手定之稿。以《畿輔詩傳》所録與集中相校，頗有異同。彼或初稿，此則定稿也。先生講學語録，當時宗洛閩學者奉爲圭臬，與清獻齊名。顧其所著，除《四庫》著録外，世鮮傳本，《詩集》尤無知者。《鶴徵録》、《四庫提要》、《畿輔詩傳》、《國朝先正事略》均載其事跡學説，而獨不言其能詩。《詩傳》採專集共五百餘家，獨無先生集，其二首殆得之傳抄也。此本傳之二百年，紙已碎裂，而字獨完好，殆先儒遺墨，有不容磨滅者耶。數年前補讀軒主得之於海王村，以有王文敏印珍視之，苦不得主名，屬爲考證之。余就其命題造句，參稽諸書，窮加探索，乃遂得之，亦一快也。卷中多與當時名流酬答之作，兼可考證掌故。以將有汴洛之行，匆匆未及細核，序而傳之，俟諸異日。宣統辛亥孟春，上虞羅振常記。

崇禎忠節録

此書南潯劉氏嘉業堂有全帙，但分卷與此不同。其全書凡三十二卷，前有同治丙寅荔影轩主人題識，後有康熙六十一年平湖東村叟跋，并附抄者盛文傳。盛乃某宦僕人子也，此傳即爲東村叟作。跋中謂此書刊未竣工而高殁，板散失，無印本，祇有盛文傳抄本。劉氏此本，則又傳抄盛本并録其跋，惟荔影軒主人之題乃原書耳。以彼本校此，知卷一分上下，卷一上爲正祀文臣廿一人，首倪元璐，次范景文；武臣六人，烈婦九人，義士四人，内臣一人，均此本所缺。以下則自十六卷止，均此本所有。十七至卅二卷，則又缺矣。彼本每卷三四十頁，半頁八行，每行二十二字。此則半頁十行，每行廿五字，每卷又多至五十頁，故六卷已當彼十餘卷。以是推之，此本當原分十二卷也。此雖不完，然誤字少。彼本則抄甚劣，訛誤滿目，却可以此本校正。丁丑九月至潯溪，假劉氏閱之，歸而記此，時上海戰事正烈。羅振常識。

至正庚辛唱和詩

此《至正庚辛詩》爲當時唱和原稿存之僧寺者，《名公手翰》則雪廬和尚手輯，二種同藏之水西資聖寺。明萬曆中，水西村公取以校刊，而郡人郁嘉慶又就詩翰中所載諸人加以考訂，爲《考世編》一卷附焉。原本元人序跋與明人者序次錯雜，三書分晰亦不清。玩索久之，始得端緒，遂録時特爲改正。癸丑八月二日，校畢再誌於日本西京僑居之信美樓。

原抄《考世編》，凡關係明朝如「詔旨」、「太祖」、「國朝」等字皆空格，可見原自明本迻録。洪谷爲一一改訂，殊無謂也。明翻宋本之書多仍其舊，不改行款，國初諸名家影宋本亦然。其得之手移易行款者，以《四庫》寫本爲尤甚，然彼爲内府所藏，不能并尊前代，是不得不然耳。後二日抱殘又誌。

韓詩外傳

此汲古閣本《韓詩外傳》，毛表以元本朱筆手校。有「毛表之印」（白文方印）、「毛奏叔」（朱文方印)、「字奏叔」(白文方印)諸記。元本譌誤多,不如汲古本者十七八,亦有極佳之處。今但迻録其佳處,餘悉汰之,以省筆墨。己巳仲秋,羅振常記。

墨子

此書以《道藏》本校過,其校語中有「廣圻案」字,知爲顧澗薲手校。顧爲江艮庭入室弟子,故數稱「江先生云」,尊師説也。末二卷未校,前人校書未有不終卷者,殆所據《道藏》本不完耳。壬申三月,羅振常觀并記。

近又見鑑止水齋校《道藏》本《墨子》,底本亦爲畢刻。爰將第十四、五卷照臨其校字,補完全帙,亦快事也。

合觀顧、許兩氏所校,十同八九,間有歧異詳略,則因此本爲初印,許本印較後,畢氏已加修改,又所據《道藏》本亦不知是否一刻也。大体顧校爲詳,許校稍略。今將許校中爲顧氏所無者,加録此本之上,但用墨筆,以别于原校。顧氏校李本亦用墨筆,自可認識。癸酉二月又記。

顧氏此校頗精審,其于兩本同異之處,雖少斷制,然細觀每字上多加一小墨點,或加《藏》本字上,或加畢本字上,於畢注中又有以筆畫去者,顯示從違,特未遽下筆,乃其矜慎。如「王孫雄」,應從《藏》本作「王孫雒」,顧氏先已定爲「雄」,後讀《吳越春秋》、《越絶書》,又改定作「雒」。又「猶以水救火也」(卷四《兼愛下》),畢氏注云:一本作「火救水」。顧已將注語畫去,後見李本亦作「火救水」,更合觀上下文,方知原文用「火救水」，正言其説之不可通，用水救火則失原意，故于李本「火救水」三字上加三圈。此等處非細觀不能知校者之意也，而校書之不可武斷下筆，亦於此可見。

史通通釋

此爲鬱華閣盛氏舊藏，沅叔同年得之京師。余在吳門得一本，乃郭孔延刻本，亦稱義門手校。今取與此對勘，兩本如一。其中稍有異同，則一爲張刻，一爲郭刻。郭刻字句間有差謬。余所藏確從此本是正者。義門云「康熙癸巳曾見郭刊」，安知非即余所藏者耶？余又得顧千里校本，亦頗推尊義門，獨云《曲筆》、《鑒識》二篇并無錯简，與義門言不合。今閱此本，亦有顧跋，知澗蘋之學，真何氏諍友也。鄧邦述。

新得汪文端公手批《史通》，乃明張之象刻，而迻録何義門評校者。頃至京師，知傅沅叔學使有義門手批原本，假來客邸讀之。初以爲兩本相同，及細校，竟互有詳略，其同者字句亦略有參差。蓋義門實手校二本。文端所見原本爲秦汝立無錫刻，傅氏所藏原本爲張之象刻。必合觀兩本，乃得義門校語之全耳。凡文端録本校語中注「增」字者，傅藏本無之。傅本中據抄本所校之各條，及注異同之字於下眉者，文端本中亦無之。此皆他人所校，非義門手筆也。羅振常記。

癸巳日記

胡旅堂先生爲前明遺逸，吾浙錢塘人，初名士登，字彦遠，國變後更名介，號旅堂。著有《旅堂集》。

卓爾堪《明遺民詩小傳》稱其「抗節自尚，讀書好古，詩能闢開生面」，極相推重。此《癸巳日記》爲旅堂手稿，蓋甲申中國變之前一年也。觀其所記□□落不自得，而以□□寒者，年事方壯，未嘗不奮志功名，乃宗社既覆，遂□□終老。明人重名教，尚節義，不□□□，於旅堂見一斑矣。所居爲河渚，在湖上。《西湖志》：「河渚屬吳山路，本名南漢湖，又曰蒹葭深處，又曰渦水，沙嶼□□，秋□荻花如雪，故其地又名秋□」云云。旅堂所以移家于此，觀其眷戀而時以家和爲言，似不得於後母而趨避者。所與遊不少知名士，誌來當有所考，最著如萬履安、陸麗京，因□□輩，皆後來遺民。集中晚年與贈荅倡和者，爲萬年少、龔野遺、孫爲人、陸冰修等，皆皎皎不污者，旅堂之行詣亦可知矣。記中夾一殘頁，似爲致萬履安書，即救王鐵山師之商稿。他書有目之爲布衣者，觀此記，旅堂乃諸生而□□者也。《旅堂集》廿餘年僅見一本，已爲難得，況此爲其日記手稿，可不寶□。時丁丑季春，鄉後學羅振常拜觀并記。

善本書所見録再補

上虞　羅振常子經撰

寫定尚書不分卷

光緒石印本。此册乃吳摯甫門人録其師説。後有學淵題識。觀其印記「江安傅增濬字學淵」，知爲沅叔學使昆季。羅振常記。

注：録自《蛾術軒篋存善本書録》。

嘉靖七年浙江鄉試録一卷

明陸粲等編。明嘉靖刻本。二册。明《嘉靖戊子浙江鄉試録》，四明范氏天一閣藏書，見薛氏《天一閣現存書目》史部傳記類。戊子，即閣主范司馬欽舉鄉之年。是科獲雋者得九十人，范名列第七十。書眉人名上，各標其曾榜中式某科。范氏所藏他録，未見有此，因諸人皆同榜，故一一考之。范爲壬辰科，即嘉靖十一年，其餘尚有四十七人。九十人中竟有四十八人成進士，可謂盛矣。其標學正、知縣、同知、運使、知州、通判、教諭者又廿一人。據試官陸粲序，就試者二千八百有奇，預選九十，不過三十取一。近代光緒中，吾省就試者每有八九千人，而中式不過百名，難於明代多矣。范氏藏科舉題名録最多，某年幾全散出，而皮涵芬樓中，同付一炬。此録獨因其爲范司馬之同年録，余自留之，因而獲全，亦云幸矣。羅振常記。

注：録自沈津《書城風弦録》。此書現藏臺北「國家圖書館」。

嘉靖十九年應天府鄉試録一卷

明張治等編。明嘉靖刻本。四册。原書脱去半頁，致缺跋者姓名，然明時鄉試録例是主考官作序，副考官作跋，故據卷前所列銜名補之。振常記。

注：録自沈津《書城風弦録》。此書現藏臺北「國家圖書館」。

萬曆八年進士登科録一卷

明潘晟等編。明萬曆刻本。四册。《萬曆八年登科録》，四明范氏藏書，見《天一閣現存書目》卷二傳記類。是科二甲第二名，爲東林黨魁顧憲成。其一甲一名張懋修、二甲十三名張敬修，皆大學士居正子也。江陵當國，最遭訾議者，厥爲親喪奪情，而諸子之登巍科，亦復人言嘖嘖。當時言官噤口不言，其後乃以三子蠶取上第，爲參劾罪款之一。顧史但言敬修等先後登第，不云試官爲何人，今觀此録，則讀卷第一人即爲江陵。父讀卷而兩子皆前列，宜乎招議。然二甲四名之張泰徵，亦大學士四維子，四維同爲讀卷官，無人議之。蓋江陵專權，四維則伴食宰相，人不之忌，乃置而不言，可見言官指摘無非藉題，正不必兩子之不稱列前茅也。案奪情之舉，江陵必有不得已之苦衷，人倫所關，清議斯在，賢明如江陵豈不知之，特慮一退居，朝政將改，遂公爾忘私，甘冒不韙。其後江陵甫没，政綱旋弛，可以證之。江陵受穆宗顧命，導幼主以正，神宗憚其嚴，銜忌於心。江陵甫没，朝臣希上旨，羣起攻擊，由是而削官而籍家。敬修以不勝拷掠，竟誣服受贓自縊，可云奇慘。史言江陵馭子弟嚴，必有義方之訓，故朝廷相待雖薄，子孫仍知效忠。敬修孫同敞，於國亡時抗節不屈死，可見祖孫濟美，當日之上第，固非倖致之也。今以此録與史書互證，頗多參差。史言居正江陵人，觀此知爲荆州衛籍。史載江陵父喪在萬曆五年九月，此録爲八年三月。二人皆曰「重慶下」，似其祖尚存，豈祖父殁，祖母存，亦可云「重慶」耶？史言敬修爲長子，據此乃次子，但其上無兄，殆長子早殤。史言五子允修，以懋修行四推之，允修實爲第八子。此雖瑣細，亦以見史書之不盡可憑也，故並識之。羅振常記。

注：録自沈津《書城風弦録》。此書現藏臺北「國家圖書館」。

天啟七年江西鄉試録一卷

明倪元璐等編。明天啟刻本。三册。《天啟七年丁卯科江西鄉試録》，亦天一閣藏書，而薛氏《現存書目》未載，豈以其破蛀而遺之故。不知是科試官爲倪文正公元璐，亦甚可寶。文正爲吾紹上虞人，乃鄉先賢，尤可寶也。因裝治之，什襲珍藏。羅振常謹志。

范氏藏科舉録，止於萬曆中葉。天啟時范司馬已没，殆後人所續藏。天一書中，亦有順康間刻本，故非司馬原藏也。

是科策問第四題，乃問禦建酋方法，應當列入禁書，而《禁書目録》中無之。可見此録傳本之少，搜求禁書者未得寓目也。

注：録自沈津《書城風弦録》。此書現藏臺北「國家圖書館」。

景藩之國事宜一卷

明景府長史司編。明嘉靖四十五年順天府刻藍印本。一册。明《景藩之國事宜》，天一閣藏書。《阮目》政書類有《景王供應事實》一卷，即此書。《薛目》無之，因原無書名，遂略之耳。案《明史》諸王列傳，景藩爲世宗第四子，名載圳。嘉靖十八年册立太子，同日封穆宗爲裕王，載圳爲景王。其後太子薨，裕王以次當立，帝以前太子不永年，□之載圳年少，左右慫恿，陰懷窺覬，有奪嫡之志。四十年，乃令就藩德安。居四年薨，無子，國除。此《供應》册籍，即嘉靖四十年就國時所頒也。振常記。

注：録自沈津《書城風弦録》。此書現藏臺北「國家圖書館」。

範圍數六卷

明趙迎撰。明刻本。二十册。此書乃天一閣藏本，新、舊兩目皆不著編者姓字。《四庫》列入《存目》，作明趙迎撰。迎，鞏縣人，嘉靖丙戌進士，官南京工部主事。謂此書以易數推人禄命，相傳出於陳摶，元賈顥先有此法，其説甚繁，散見《永樂大典》，迎殆即約賈書爲此云云。則此亦星命家言之最古者矣。此書衹《也是園書目》中有之，列之「易數類」，他家罕見著録。甲寅仲冬心井觀並志。

薛氏《重編天一閣進呈書目》中有此種，亦注「趙迎撰」。蓋《存目》即據天一閣本著録，而《進呈目》又據《存目》補著撰人者也。越日又記。

注：録自沈津《書城風弦録》。此書現藏臺北「國家圖書館」。

太白山人詩六卷

明孫一元撰。明嘉靖刻本。二册。《太白山人詩》，嘉靖刻本。范氏天一閣藏書。原六卷，今存三卷。然薛氏《現存書目》尚云二卷全，則下册或仍存閣中也。《阮目》作孫太復撰，訛「初」爲「復」，且不當著其字。惟云有「正德戊寅晉安鄭善夫序」，今僅存李夢陽傳，序已脱佚。二目均作《太白山人漫稿》，此則作《太白山人詩》，必鄭序開首作「漫稿」也。卷端「太白山人」印，似玉章。書刻於山人身後，安得自鈐其印。此理甚明，當是「後」人作僞，或遺印爲人取得，遂加鈐其集耳。羅振常讀並記。

又，查原書實六卷。分上、下二册，每册三卷，只當作六卷，不當作二卷也。《阮目》同誤。

注：録自沈津《書城風弦録》。此書現藏臺北「國家圖書館」。

義谿世稿十二卷

明李堅輯、丁瑞春續輯。明萬曆三年刻本。八册。明刊本。天一閣藏書。即《義谿陳氏家集》，作者十九人，是爲總集。《阮目》卷四之二、《薛目》卷四，均以列之别集，誤也。《阮目》注云：明閩人知定海縣事陳朝鈐，裒集其祖父四世之作。正德庚辰莆陽黄鞏序，稱其友李貞夫爲選其尤精者，得若干首，總爲一編，命以是名云云。似乎全書爲朝鈐所裒集，而由李貞夫選定付刊者。今觀原書，知其不然。此十二卷中，前八卷刻於正德中，爲李堅所選；後四卷則丁瑞春所續輯，並前八卷合刻於萬曆三年乙亥，相距已五十餘年。本是兩次編刻，何可混而一之。阮、薛二目，編、查均潦草，《薛目》以《劉龍洲集》入明代，注「明劉過撰」，尤非通人所爲。苟執原書與兩目比勘，錯誤疊出，觀此書可見一斑。羅振常記。

全書十九人，只五世，前八卷四世，後四卷又加一世，作四世者誤。

李貞夫，即李堅。堅自有序，亦不須引黄鞏之言也。

注：録自沈津《書城風弦録》。此書現藏臺北「國家圖書館」。

詩傳大全十卷（存卷三）

元劉瑾輯。據《經義考》：《詩（通）［傳］通釋》十卷，元安成劉瑾輯，永樂中胡廣等撰。永樂中胡廣等攘其成書，改爲《詩傳大全》，惟於原書「愚按」二字更作「安成劉氏」而已。據此則此本乃廣所改名，而刻於永樂。然觀其字體墨色，確爲元刊元印，與永樂本迥别，此不可誣。明洪武初刻書尚類元本，至永樂即改爲趙松雪體而作寬黑口，如《歷代名臣奏議》，即其定式也。考《郘亭書目》，路小洲有元刻本一卷，後有「至正壬辰仲春日新堂梓」牌子。路氏所藏當是末一卷，此則第三卷，或即一書分裂亦未可知。竹垞之説即有根據，亦必别有一永樂本而非此本也。時壬午孟夏，羅振常記。

書坊每喜改前人書名以爲新出，此書或元時書坊所改，則近似矣。又記。

又，覽路書自名《詩傳通釋》，此自名《大全》，本非一書，前説誤也。

注：録自北京海王村二〇一〇年古籍拍賣預展。

高士傳

晉皇甫謐撰。明嘉靖黄省曾刻本。三册。《高士傳》三卷，明刊本。題「元晏先生」。晁氏《讀書志》作九十六人，陳氏《書録》作八十七人，李石《續博物志》作七十二人，今本與《讀書志》合。此明嘉靖中黄省曾刻本，後有頌，省曾作也。又見《鐵琴銅劍樓書目》卷十所著，即此本也。所謂九十六人，蓋「四皓」爲四人，「魯二徵士」爲二人，其題則衹有九十。省曾序言「魁人九十」者，非也。原藏爲皇甫謐撰荔裳氏題，當即宋琬。羅振常記。

注：録自上海嘉泰二〇〇七年古籍拍賣預展。

防禦條款

明嘉靖刊本。此爲天一閣藏書，嘉靖刊本。《阮目》政書類有《防禦條款》一卷，當即此書。《薛目》則未載，蓋因原無書題，其名不易定也。案，此雜述防禦事宜，然非平日之軍政條款，乃有軍役時所制定。其指敵方多渾言曰「賊」。然「軍門節制」中凡三見「倭奴」，知專爲禦倭而設，宜定名《禦倭行軍條例》。

以言「防禦條款」，未當也。此書無刊刻年月。據《明史·百官志》：嘉靖三十六年，以倭警添設提督軍務巡撫鳳陽都御史一員，至四十年廢之。則此條例必設於三十六年初設此職時。「軍門節制」中且有「即令春防」之條語，可知爲是年春季刊布也。公牘例有姓無名，所謂「李」者，殆李襄敏公遂，字邦良，豐城人，從歐陽德學。嘉靖五年進士，官至南京參贊、尚書。其爲巡撫殺倭事，具見《明史》本傳（《明史》卷三百四）。當時禦倭名將，首推戚少保繼光，惟所禦乃浙閩之倭，江北倭患實襄敏所撲滅也。羅振常誌。

注：録自中國嘉德二〇一〇年古籍拍賣預展。

吳越國雷峰塔經

去歲杭州西湖雷峰塔圮，塔磚多有小孔，中塞刻本經一卷，乃五代時吳越王造塔時所藏。初圮時，有人以經不可褻，搜集無數，投之湖中。及西人某出資購買，賈客乃加搜尋，存已寥寥，且皆斷爛，大率尾完首缺。偶有一二完整者，售至千金以上，好古者無從得之。此本乃照完整者摹刻，雖非真龍，行款等均如舊，足窺一斑。羅振常。

注：録自沈津《書城風弦録》，未詳所藏。

林下詞選

康熙十年周氏寧靜堂刻本。此書頗罕見，況惠風得之王佑霞。丙寅孟春，余又得之惠風。羅振常。

注：録自北京保利二〇一〇年古籍拍賣預展。

人間詞甲稿

王國維撰。樊少泉茂才炳清，與人間肄業東文學校，交甚契。顧體羸多病，怠於進取。嘗自憾志行薄弱，遂更名志厚，字抗甫，故序後所署如此（其後仍用原名）。時人間在吴門師范學校授文學，先其來書，謂《詞稿》將寫定，丐樊作序。樊應之，延不屬稿。一日《詞稿》郵至，余與樊君開緘共讀，而前已有序。來書云：序未署名，試猜度爲何人作，宜署何人名則署之。樊讀盡大笑，遂援筆署己名。蓋知樊性懶，此序未可以歲月期，遂代爲之也。前程歷歷如昨，而樊君墓草亦宿，憶此爲之悵然。振常附記。

注：録自陳鴻祥《關於王國維的〈人間詞〉序》，載《藝譚》雜誌一九八六年第一期。

徵聲集

辛酉季冬二十一日裝成，騈兒甫四齡，初識之無。諸兄姊各付一部，亦留此爲其異日讀之。邈翁題記。

注：此書係子經先生自著詞集，題贈其子福騈者，現藏紹興天泉山房。

録鬼簿

影抄尤貞起抄本。此本王觀堂以五十金得之董授經。觀堂有《録鬼簿》校本，刊之《觀堂遺書》中，所據以校訂者有數本，此爲其一。羅振常記。

注：録自黄仕忠《王國維舊藏善本詞曲書籍的去嚮》，載《中華讀書報》二〇一一年五月十一日。此書現藏中國國家

圖書館。

録鬼簿

丁卯孟夏，以大雲書庫藏舊鈔尤貞起本校一過。知藝風雖以影鈔尤本寄示，觀堂未及校也。尤本有序，爲此本所無，别録之。羅振常記。

注：録自黄仕忠《王國維舊藏善本詞曲書籍的去嚮》，載《中華讀書報》二〇一一年五月十一日。此書現藏日本東洋文庫。

新編吕洞賓花月神仙會

此種乃忠慤手自影寫。丁卯仲夏，上虞羅振常誌。

注：録自黄仕忠《王國維舊藏善本詞曲書籍的去嚮》，載《中華讀書報》二〇一一年五月十一日。此書現藏日本東洋文庫。

大乘莊嚴論（殘本）

宋刻書多明印，古意全失，直一明版書而已。余無力致宋本，僅求殘帙，二十年來元版元印者頗有所得，宋刻止獲明印，宋印者至今無之。頃得宋刻經三册，紙光墨氣，極見精乘，又復完整如新，確爲宋印，可寶之至。玉素道兄與吾同好，因以一册貽之。時丙子季春，羅振常並誌。

注：録自柳向春輯《羅振常佚文九則》。據柳氏識語，此書爲《普寧藏》本，現藏上海博物館。

潛室陳先生木鐘集十一卷（存卷十一）

宋陳埴撰。元刊本。《郘亭書目》、《木鐘集》蘇城汪氏有元刊本，而《宋元本行格表》無此書，殆汪書未記行款，故無從列入。觀此殘本，可知其行款矣。蟫隱記。

注：録自柳向春輯《羅振常佚文九則》。

查初白手抄書（殘本）

清查慎行抄。一册。此爲查初白先生手寫，蓋其讀書□覽所及，於其愜心文字手録之，以備遺忘者。此册得之於常熟梅里舊家，知爲殘帙，問其前數册安在，則云此書本四册，昆仲四人各分得一册。有長期房亦在本地。因令其介紹訪之，果得見首册。前有彭孫遹手書小引，亟稱初白少時讀書寫録之勤。欲并得之，主人堅不肯售，乃録彭序而歸之。因首册不可得，餘二册亦不再訪。此册爲七十八至一百頁，當是最末一册也。一書析而爲四，焚琴煮鶴，詎不洵然。羅振常記。

注：録自柳向春輯《羅振常佚文九則》。

牧齋書目一卷

《牧齋書目》乃李南澗鈔校本，盛伯羲祭酒所藏。辛亥亂後，盛書散出，此册歸仁和吳氏雙照樓。以校世傳《絳雲樓書目》，同出一原而頗有同異，此本略於册數而宋元本較彼爲多，蓋傳抄時互有脱略也。叔兄自吳氏假讀，特傳録一過。暇當取兩本細較之，溯成完書，付梓行世，亦藝林之快事乎。甲寅孟秋晦日，校畢并識。

注：録自柳向春輯《羅振常佚文九則》。

金小史八卷

舊抄本。明楊循吉撰。循吉著書極多而刊佈者少，此書當時曾與《遼小史》同刊，然傳本罕見。此乃四明范氏天一閣藏書。范氏别有《大明欽定九廟之頌》一種，亦循吉撰，與此同是明時抄本，可見當時雖有刻本而藏書家仍求傳抄，非傳本少不及此也。丙辰仲冬九日，上虞羅振常誌於海上之蟫隱廬。

注：録自柳向春輯《羅振常佚文九則》。此書現藏中國國家圖書館。

河東集

世綵堂本。此書原藏山陰舟山鎮吴氏，吴留村之裔也。去年即聞有是書，有賈舟造訪者返而相告，爲述其形制，是否原刻，疑莫能決。予以人事牽［率］，亦不及往會。冬間，吴氏挾書來海上。驟觀之，宋元明刻皆不類，而轉似乾嘉間之精槧，細察則刻工氏皆非元明以來所能有者。因竹垞跋語，乃在周公謹《癸辛雜（記）［識］》，知廖氏當日刻印精審，非尋常刻本可比，故其形制亦超乎尋常宋刻之外，□決爲原刻無疑。南海潘君嗜宋成癖，以從來未有之巨值得之。余乃得假閲校印，摩挲不已，有所得則隨筆記之。

目録第二行，濟美多「夔州刺史劉禹錫編」一行。濟美《外集》多詳目。

《外集》卷上多文四篇。注或顛倒，或補或删。《平淮夷雅・皇武篇》題下，原述吴元濟本末十六七行，百八十餘言，濟美只留數語，乃用舊注卅二言。《平淮夷雅·方城》音發添入黄狀元評語十行。《皇武篇》「曠誅四紀」，廖考訂「四紀」百八十餘，濟美删去。卷三《封建論》題謂「按唐之藩鎮」以下百五十餘言悉删。濟美《集傳》，即爲元本「增廣注釋」本之附也。此書字體與尋常宋本絶異。宋本書雖多歐體，然自成一刻板之字體，此本則全如手書楷字，仿佛晉唐諸帖。且宋本無論官私板，無不有俗寫省筆之字，此書獨無，則當時必出於名手，非尋常寫官所書可知。江都秦君曼青（更年）疑出於金蓀壁，説頗可據。按蓀壁名應桂，字一之，號蓀壁，又號積慶山人。錢塘人。能歐書，善畫，學李龍眠。受知賈似道，宋季爲縣令。入元，隱居不仕，築室西湖積慶山巔，名蓀壁山房。仇遠《贈蓀壁詩》有「客來把玩新題（畫）［扇］，半似鍾繇半是歐」之句（見朱彭《南宋古跡考》及成化《杭州府志》）。

廖、金既同爲客，師憲刻書又極求精，則韓、柳二集未必不出於蓀壁。此書之字，評者曰爲歐虞、歐褚，然其肥腴之筆則與鍾爲近，仇氏所評確矣。又宋本中字體與此書類者，僅見周密之《草窗韻語》。公謹與蓀壁友善（公謹有《謝蓀壁惠得躑躅》詩，又有《積慶山訪金蓀壁》詩，其筆記中並載蓀壁所傳藥方），爲書詩集，尤所當然，亦一證也。（曩在日本，見小字《九經》極精，而墨彩焕發，紙色較新，不知爲何刻，今追憶其字體，實與此書及《草窗韻語》如出一人。則此《九經》或即世綵堂刻，未可知也。）

竹垞跋署「康熙壬午」。按壬午爲四十一年，竹垞年七十四（竹垞康熙四十八年卒，年八十一），引疾家居已十二年矣。時綿津方巡撫江蘇，後三年乃内遷尚書。李次青《先正事略》載：綿津三子，曰至、曰筠、曰致。筠即蘭揮，官檢討。致，官四川布政使。兄筠而弟致，今觀竹垞跋語，致在筠前，則知次青誤也。

此書原乃殘帙，計缺三至十共八卷，其補爲完帙，當在嘉靖時。其三、四、五、十卷補以高麗紙印本，乃翻刻，書口上下無字數及刻工。八、九卷仍是世綵原刻，但上下眉紙較短，别是一部配入者耳。尚有數頁爲嘉靖翻刻本（卷六第十一頁，卷七第八頁，卷八第廿頁，卷九第十八頁，卷十第十頁），則字數刻工亦皆有之。高麗本雖不殆原刻，然尚具規模，至嘉靖翻刻，則全是嘉靖本面目，毫無原書筆意矣。因此配合，知當時世綵《柳集》實有殘本四帙（二翻刻，二原本。其高麗、嘉靖兩本，或故□全書，特抽配此原刻亦未可知）。又知世綵堂本原有高麗及嘉靖兩翻刻，皆不見著録（《有學集》有「高麗本柳文跋」，然書名《柳先生集》，知是别本，非廖刻，蓋《五百家注》諸本皆名《柳先生集》）。高麗書或流傳中土者少，嘉靖新刻至今亦無一書流傳，不亦異哉？或謂嘉靖本無翻刻，此數頁乃嘉靖時特刻補之者，然果是現刻則印紙大小必與原書相埒，而此數頁上下眉皆較原書短，則必别有一翻刻全書明矣。

此書印紙色淡黄，非草莖□，非楮皮，有莖光如□，簾紋闊，不甚顯，不獨宋本書中所未見，即其後亦不見此紙。或謂今山西有一種麻紙頗與相類。及讀周草窗筆記，謂廖氏書乃用撫州萆鈔印造。案：萆鈔，當時一種上品紙名，故公謹稱之。萆音卑。萆薢，藥草，似非造紙所適。疑字當作萞。萞，麻屬。「萞」、「萆」形音同，「鈔」、「抄」音同，傳刻遂誤。（照）［造］紙曰抄，《初學記》後漢元興中常侍蔡倫創，故布搗抄作紙。《廣雅》「萆」、「枲」本一字，「枲」爲麻屬。萆鈔即麻紙，出諸臆度，或不謬也，故「萞鈔」云者，即萞麻所造之紙。

葉氏《書林清話》，謂《韓文》紙瑩潔而不甚堅，蓋以色類草莖紙，疑爲不堅。嘗就其斷線處取一角，裂不開，其堅可知。果不堅，則七八百年，何無一裂痕也。

原書裝十六册，古色金粟箋書面，每册有籤，爲項墨林手題。

計不知誰氏之印一，曰「紫玉玄居寶刻」（白文方印）；項子長之印二，曰「項篤壽印」（白文方印）、「項氏萬卷堂圖籍印」（朱文長方印）；項子京之印七，曰「項元汴印」（朱文方印）、曰「項子京家珍藏」（朱文長方印）、曰「墨林山人」（白文方印）、曰「項墨林父秘笈之印」（朱文長方）、曰「項墨林鑒賞章」（白文方印）、曰「天籟閣」（朱文長方印）、曰「退密」（朱文葫蘆式）；宋氏之印三，曰「商丘宋犖收藏善本」（朱文長方印）、曰「牧翁鑑定」（白文方印）、曰「緯蕭草堂圖籍印」（朱文長方印）；沈氏之印三，曰「沈波祚印」、曰「載猷」（白文方印）、曰「雲間」（朱文葫蘆式）、曰「雲間氏」（朱文長方印）。其每册前面書衣均有「項墨林父秘笈之印」一，籤條並有「墨林山人印」（亦有「雲間」印）。昔人謂項子京於所藏書籍字畫多著印記，目爲體無完膚，以此證之，誠哉言矣。吳氏無一藏印。諸書載《韓集》觸手如新，殊不可解，此集亦然。大籍藏者孰不愛惜，他書不能如此者，紙質不堅也。尤奇者，全部不見一蛀痕。宋有一種椒紙，染椒爲之，可以避蠹（見葉氏《書林清話》）。或以黄柏染紙，亦然。廖氏印書備極精審，必有此等製作無疑矣。

世綵堂刻韓、柳兩集，兩書既合刻同印，故同弆項氏。自項氏散出，乃拆而爲二，《韓集》歸汪閬源，再歸郁泰峰，終歸豐順；此書則初歸宋牧仲，再歸雲間沈氏，終歸山陰吳氏（即吳留村之裔），今則歸南海潘氏。延津會有其時。予未獲見《韓集》，然當光緒戊戌間，丁氏曾以此書留置學稼樓者半年，叔兄摩挲既久，一見此集，謂故形制與《韓集》無殊，惟此書藏印累累。而據莫郘亭所載，彼書僅寥寥七印，豈此書由子長歸墨林，彼書則否，故墨林不得施其鈐印之技耶，抑莫氏所録猶爲未全？等得取《韓集》一印證之。

明郭雲鵬濟美刻《柳河東集》，號稱翻刻世綵堂本，多《龍城録》二卷、《附録》二卷、《集傳》一卷，故或疑此書爲不完□。

《河東集》在宋時刻本頗多，近世所流傳者有：

《柳河東外集音釋》

宋刊《柳先生文集》（《文集》四十五卷《外集》二卷《新編外集》一卷，宋韓醇音釋）

《增廣注釋音辨唐柳先生集》（《文集》四十三卷《別集》二卷《外集》二卷《附録》一卷，宋童宗説注釋，張敦頤音辨，潘緯音義）

《五百家注音辨柳先生文集》（《文集》四十五卷《外集》二卷）

《新編柳先生文集》（《外集》十卷《附録》八卷，宋魏仲舉編）

郭雲鵬刻《河東先生集》(《文集》四十一卷《外集》二卷《龍城集》二卷《附録》二卷《集傳》一卷，明郭雲鵬集注)；

蔣之翹……《新刻柳文惠公集》初□本……

廖書似於宋末，在宋各家注本之後。觀其序例，似訂補《五百家注》本，而於文章次第則取沈晦本。案《柳文》始編於劉禹錫，爲三十二卷。穆修刻之，次爲四十四卷。沈晦以穆本參校諸本，凡穆本所不載者，釐爲《外集》二卷(見《四庫全書總目》)，全與世綵本同。廖既從沈本，此書因已完全無疑。《龍城録》等，曰是郭氏據他本增入，況郭氏亦非翻刻廖本，更無容以書相繫耶。

自明徐氏刻東雅堂《韓集》，郭氏刻濟美堂《柳集》，相傳以爲翻刻廖本，於是陳少章校徐本，直以廖本目之。今以此書與郭本比對，驟觀板式，無一不同，及細勘注語，則大相逕庭。蓋郭氏開板時，本自爲集注，不過兼采廖本，又豔其板式，遂仿刻之。初見郭本無廖氏「凡例」，以爲故削之冒爲己作，及知其本是兩書，則削之亦無足怪。推之東雅《韓集》，或亦如此，則陳氏所詬《韓集》諸謬誤，亦其責是否在廖，抑在徐，亦尚未可知也。

郭本視廖本之異同得失，非細勘不能知。然略校一二卷，大率注語或采廖本，或采舊注，或仍同廖本而增減其字句，顛倒其前後，其廖本有「案」字處(當是瑩中之説)，每删除之。去取之間，殊不知其用意所在。如《平淮夷雅·皇武篇》題下，廖本述吳元濟事本末百八十餘言，而郭氏不取，祇采舊注廖之數語。又《皇武篇》中「曠誅四紀」下，廖本考訂「四紀」，亦百八十餘言，郭全不取。又卷三《封建論》題注，廖本采舊注者，郭全録之。至「按唐之藩鎮」以下（此廖氏自注）百五十餘言，悉删去不留。凡此皆不可刊除者，郭氏毅然去之，誠不明其用意。大抵竄亂前人之作而自無發明，雖古人不免，而明季爲尤甚，□致點金成鐵，亦墳籍之羞矣。

此書雖兼采各家注本，而其篇章次第，一從沈晦，故祇《正集》四十四卷、《外集》二卷，而無《龍城録》、《附録》各種。郭本有之，蓋自他本輯録者。世綵本亦不多見，今附印郭本此數卷於後，俾讀者得窺其全。凡《龍城録》二卷，《附録》二卷，《集傳》一卷，《後序》一卷，總□□篇。

《龍城録》乃王銍僞託，前人多已辨之。然《五百家注》本已附有此書，姑仍其舊。

此書《外集》乃沈晦原輯，計文□篇。郭本則似補輯，多文四篇。今影寫附《外集》之後，别爲《外集補遺》一卷。

廖瑩中事實雖附載《宋史·賈似道傳》，祇寥寥數語，餘則散見他書，東鱗西爪，首尾不具。今檢各書之關乎藥洲事蹟與其所刻書籍碑版者，爲《廖藥洲事輯》一卷，俾讀者得所參稽。

宋廖氏世綵堂刻昌黎、河東兩集，周草窗記一識於《癸辛》，再識於《志雅》，自其序後，寂焉無聞。至明季，有東雅、濟美兩刻，相傳出自廖。陳少章作《韓集點勘》，乃即曰東雅爲世綵。徐、郭新雕，葫蘆依樣，於是少章點勘，始爲溯其淵源。天府儲藏，遂亦采其名字，《四庫總目》據其説，定爲廖瑩中集注。要之未見原書，事猶恍悅。光緒間，豐順丁氏得原本《韓集》，廬山真面，乃出人間。然而嚴妝僅窺半面，而豐城之劍猶孤，［釜山］之符未合也。

壬(午)［戌］之秋，有自越中來者，傳有是書，未之敢信。或買舟訪之，返而相告，述其形制，疑不能明。余以人事牽率，未能卒往。已而藏者挾書來海上，急向索觀，展卷失驚，掩書興歎。曰：此固山陰之真面也，客何疑乎？夫得書必寫，傳佳話於河間。鏤板興文，偏高風於南□；作宰輸金，雕群籍於西□。

注：録自上海圖書館藏羅氏稿本。

覆印世綵堂河東集序

世綵堂《昌黎》、《河東》二集，宋廖瑩中刻也，號西才士助之校讎。泗水潛夫稱其楮墨，一見《癸辛》之識，再登《志雅》之抄。由是而還，久無稱述。明季徐、郭二氏競爲新雕，託鼎銘於黄初，擬鏡刻於天寶。於是文道點勘，始爲溯其淵源；天府儲藏，遂亦載其撰述。是則識東施之面未解輖饑，而思西子之顰猶勞寤寐者矣。自豐順丁氏得原本《韓集》，一時品藻，偏於藝林。顧匡廬之面目雖呈，而符契之鏤文才半。雖冀延津之合，猶待汲塚之開。乃者壬戌仲秋，越中人至，傳有是本，詫爲讆言。客或買舟訪之，返而相告，述其形制，疑不能明。余以人事牽率，未能卒往。已而藏者挾書來海上，急向索觀，展卷失驚，掩書永歎，曰：此固委宛之遺響，山陰之真面也。客何疑乎。客自疑乎。南海潘子嗜古成癖，希世之籍，悉弃張華；異本之書，必歸任昉。雖千元而不視，方百宋而猶加，快以秦城，易□趙璧。湘東訪酉陽逸典，固將什襲而藏； 杜林得古文漆書，豈其握持不釋。 而乃任人懷餅，□我攜瓻。 魯望借書，□爲校勘； 倦圃申約，意在流通。 爰付手民，傳其秘册。 謂非書林之佳話，藝圃之奇緣乎！ 夫廖氏刊刻之精，人無異識，群言具在，無俟贅陳。 至論其生平，輒多訾議。 謝山固猶存矜惜，少章乃刻意吹求。 余則謂標榜之風，文人積習； 知遇之感，賢者不忘。 江上福華之篇，葛嶺稱觴之什，阿諛黨惡，何可諱言。 獨至大樹飄零，冰山傾坼，孟嘗之客已散，季倫之園既空，猶與師憲慷慨唏噓，一□相對。 歎豫讓國士之感，謂中郎私遇之懷。 榮枯不更，死生依倚。 以視惠卿之於半山，竇群之於吉酉，□可□□語哉。 江河日下，黄□愈遥。 背義乃速於置□，落井詎止於下石。 横流既極，視渭□以獨清； 甘薺無餘，嘗秋茶而不苦。 故論雕刊於昔日，如世綵固罕與比倫； 即觀世態於今時，如《群玉》又豈爲易得哉。 拔豪四顧，不禁感慨系之也。 時癸亥二月，上虞羅振常序海上之蟫隱廬。

注：録自上海圖書館藏羅氏稿本。

李養一先生文集廿四卷附石經考端溪研坑記各一卷

此咸豐二年維風堂初刻本也，以光緒戊寅重刻本校之，則第一卷至第四卷賦、詩、詩餘，新板均未刻。 新刻即以第五卷爲第一卷，以下遞推，至第十二卷之贈序三篇、壽序三篇，則併入前卷題跋下，而其餘壽序三十篇則刊餘未刻。 於是原文廿卷者，並爲十九卷。 末附「補遺」一卷，載序二篇，爲原刻所無，合之成二十卷。 至《石經考》等二種亦未刊。 壽序或因爲酬酢之文，刊餘不刻，不知詩、賦與《石經考》、《研坑

(考)[記]》何以不刻?不可解也。

注:録自上海圖書館藏羅氏稿本。

永嘉八面鋒不分卷

高麗抄本。《永嘉八面鋒》,《四庫》著録作十三卷,據明弘治刻本。此舊鈔,爲高麗人手寫,頗精整,乃不分卷。目則有九十四段,較《四庫》本又多十四段(《提要》稱全書分八十段),似係别本。而前有都穆序,則又與《四庫》本同,不可解也。安得取閣本而比勘之,一決此疑。丙辰季冬一日,上虞羅振常觀于蟫隱廬并識。(「振常/印信」朱方印)

注:録自北京大學圖書館藏本。

善本書所見録續補

上虞　羅振常子經撰

儀禮圖十七卷儀禮旁通圖一卷儀禮十七卷　元刻明修本（存十七卷　儀禮）

十行本《儀禮白文》，藏書家罕見著録，雖屬明印，然補板僅二頁，第五卷及十七卷之兩末頁。猶是元補，非明補也，惟染紙可恨。又，原有校記數頁夾書中，乃以他本與此本互校，頗有异同，裝書時乃爲書匠棄去，索之，竟不可復得，尤可恨也。振常記。（參見本書第九至一〇頁）

董子春秋繁露十七卷附録一卷　明天啓五年王道焜等刻本

此爲吾浙王節愍公校刊本。前有節愍序，卷中有校語，或據宋本。序中謂刻于乙丑，《邵亭書目》作天啓乙丑，蓋天啓五年也。節愍于杭州城破之日從容殉難，在陸大行鯤庭之先，實吾浙之一人，足爲湖山生色。兔牀山人嘗輯其遺集，刊之《拜經樓叢書》中，惜太簡略。余復增輯，將付剞劂，以彰公之節義。公校書甚多，所知者除此種外，尚有《春秋左傳合注》《韓非子》《吴越春秋》及北齊《劉子》，然必不衹此數種也。丙辰十月十七日，鄉後學羅振常謹志于蟫隱廬。

隱廬。

行朝録三卷　清抄本

以徐刻粗校，頗多异文。所謂陳紨仙本，則多同徐刻。乙巳九月十四日，上虞羅振常志于海上之蟫隱廬。

諸葛忠武書十卷　明萬曆四十七年刻本

時偉此書，《提要》亟稱其精核有條理，謂較王世騏之《武候全書》遠勝。此本猶初印，可珍也。丙辰十月十七日，上虞羅振常觀并志于海上之蟫隱廬。

懷賢録不分卷龍洲詞一卷　明正統三年刻弘治增修本

《懷賢録》并附《龍洲詞》，明沈愚輯刻，四明范氏天一閣藏書。考《龍洲詞》宋時有一卷本，見《直齋書録解題》，今已不傳。此外最舊者爲《龍洲全集》本，宋端平中龍洲弟澥所輯，而明嘉靖中王朝用重刻之。此後有汲古閣本與最近歸安朱氏所刻。《龍洲詞》行世者僅此而已。毛、朱兩本同出端平《全集》，雖後出之本每較前出者多數首，然乃刻者增輯，非所據有异本也。惟沈刻此詞與各本全异，爲諸家所未見。疑龍洲晚居崑山，有稿本流傳，沈氏得而刻之，不然，斷不至相差如此。今以此本校他本，凡此本有而諸本無者得三十一首，其他本有而可據此本補正訛脱之處更指不勝屈，洵推《龍洲詞》之最善本矣。惟他本有而此本無者亦頗有之；又詞後附佚詩八首、啓一首，據周恭序謂全非故稿，其實不見集中者僅詩三首，餘均有之，可見沈氏當日實未見《全集》也。三首中有《登多景樓》一首爲最著名，與敦煌藏卷中有韋莊之《秦婦吟》可謂同一難得矣。天一閣書多罕傳秘籍，此録各家皆未見著録，殆爲孤本。吾將集合諸本重加校訂爲足本《龍洲詞》，庶不負沈氏傳刻之苦心，亦藝林勝事也。范氏尚有抄本《龍洲全集》，與王本必有异同，惜未及校勘，已歸他人，不無遺憾耳。時乙卯仲春，上虞羅振常識于海上之終不忍齋。

荀子二十卷校勘補遺一卷　清嘉慶九年姑蘇聚文堂刻本

此乃過録盧文弨校本。文弨，召弓之弟，《群書拾補》前載校閲人名，文弨居末。原分朱墨筆，墨筆乃過惠定宇校，硃筆則文弨自以景定本及宋大字本校，有「盧文弨印」朱文方印小章。原亦用謝刻本。振常記。

此乃據藏書者之説，殊不盡確，當細考。

續書譜一卷　清雍正十年繆曰藻抄本

姜堯章《續書譜》，繆文子手書，用筆清矯，似得力孫氏《書譜》者。嘗謂本朝學術事事勝于明人，惟行草則不逮。明人書即氣息不純，筆皆健拔；本朝人書即秀倩可觀，然失之太弱。文子此書猶有明人筆意，階平道兄見而激賞之，可謂精于鑒别者矣。丁巳十月朔，上虞羅振常志于蟫隱廬。

戒庵老人漫筆八卷　明萬曆二十五年李鶚翀刻本

《戒庵老人漫筆》，《續説郛》中乃選擇之本，專記瑣談，其有關掌故者轉屏而不録。江陰金氏刻《粟

香室叢書》，欲得一足本，顧無從覓，僅聞巴陵方氏有之，欲假抄而未果，蓋原刻八卷本甚希見也。（鈐「振常印信」朱文方印）

新編翰苑新書前集七十卷後集三十二卷續集四十二卷别集十二卷 明抄本

《翰苑新書》傳本極少，偶見舊抄，亦殘缺不完。此本新得之長沙，乃李次青元度家故物。棉紙，嘉靖時精寫，五集百五十六卷，完全無缺，可云難得。惟第一卷門類與總目不同，頗以爲异。後向藏書家借得一本，則第一卷子目初與總目無异，而與此本迥别，因晤此本傳抄時必其底本失去卷一，而以他類書之《三公》《三少》充之耳。爰重抄一卷，補其缺失，原抄仍同裝册中，以存其舊。時戊辰孟秋，上虞羅振常記。

關尹子二卷 明天啓讀書坊刻本

明讀書坊刻四家評注本《關尹子》，邵位西《半巖廬書目》曾著録。此書别有明刻作《文始真經》，亦陳注。此則多四家評語。校者朱蔚然，杭人。明天崇間，吾杭人多校刻古書，所據多舊本及宋本，或單行，或叢刻，其行款板式大略相同。王節愍校刻之《董子繁露》，前有參校姓氏，蔚然亦列其中。惟當時諸人共校刻若干種則不可考矣。丙辰十月，上虞羅振常志于蟫隱廬。

揭曼碩詩集三卷 羅氏蟫隱廬抄本

《揭曼碩集》三卷，影寫元刊本。元揭傒斯撰，前進士燮理溥化校録，目録後有「至元庚辰季春日新堂印行」一行。錢氏《補元史藝文志》有《揭傒斯詩》三卷，當即是本。孫慶增。

右見《愛日精廬藏書志》卷三十三。此本自舊抄本移録，亦出元本，與張氏藏本同，特脱去目録耳。原抄本後有跋，稱「此舊抄本，曾以元本粗校，知即係自元本傳抄，特行款不同。元刊每頁十行，每行二十字，但缺去若干頁，抄本則完全」云云。今録副本，以廣其傳，因據舊跋所云改其行款，以還元本之舊。丙辰仲冬廿三日，上虞羅振常志于海上之蟫隱廬。（參見本書第二七六頁）

介立詩集六卷　明刻本

《介立詩集》六卷，范氏天一閣藏書，《天一閣書目》及《天一閣現存書目》并云「不著撰人」。案：此書爲明林時撰。時字懋易，汝陽人，正德丁丑科進士，南京右通政，自號介立山人，見《千頃堂書目》，故書端書「林介立詩集」。阮氏、薛氏均未深考，又不見書端之字，亦云疏矣。時庚申二月，心井識。

池上編二卷　明嘉靖三十五年三癸亭刻本

《池上篇》二卷，明朱曰藩撰。曰藩有專集，卷帙頗富，此特其當時單刻一種耳。四明范氏天一閣藏書，見《現存書目》卷四别集類，注云「六册」、「缺」。案：觀前楊升庵序，明明言二帙七十四首，何得云缺。薛氏嘗詆阮氏所編之《天一閣書目》謬誤極多，實則薛氏誤乃更甚。前天一閣藏書散出時，予太半得寓目，以校《現存目》，其誤處不堪枚舉，在集部爲尤甚。如劉龍洲乃注曰明人；陳氏《義谿世稿》本作者十四人，乃不入總集而入别集。語曰「目能見千里而不見其睫」，不其然歟。丁巳仲春月付裝竟，因

題其端。（鈐「振常印信」朱文方印）

王柏峯詩稿不分卷　明王象春抄本

徐夜，字東癡，叔祖季木考功象春外孫，與予兄弟爲外從兄弟。詩學陶、韋，巉刻處似孟東野，予目爲礀松露鶴。《漁洋詩話》。

徐夜先生初名元善，字長公，慕稽叔夜之爲人，更名夜，字嵇庵，又字東癡，世爲濟南新城人。先生束髮工爲詩，五言似陶淵明，巉刻處更似孟東野。中歲以往，屏居田廬，邈與世絶，寫林水之趣，道田家之致，率皆世外語。儲、王以下不及也。余在京師，數寄書索其稿，先生遜謝而已。乃就篋中所藏斷簡編綴，刻梓以傳。《帶經堂詩話》。

振常案：東癡爲人，漁洋極欽遲，詩話、筆記中恒見之，每稱之爲徐隱君，兹録二則，略見一斑。（是書即《善本書所見録》卷四所著録之本［本書第一七五頁］，無此跋）

楊禹江集不分卷　清抄本

楊禹江先生名開沅，字用久。有《月映清淮流》詩曰：「淮山何蒼蒼，仄。淮水流不息。清暉相映發，澄鮮媚遠碧。况復微雨過，圓月天邊白。孤棹溯遥波，天水淼一色。長嘯挹流光，思作騎鯨客。一篙撑未起，輕烟已狼籍。」按此題係宋牧仲撫吴時觀風所出，詩見撫部所刻《吴風》，評云『「清暉」十字不減宣城』。外尚有淮安諸生洪人英、鹽城副榜舉人王師維二作。《江蘇詩徵》收楊、洪二首，而于楊改其題爲《淮上對月》，于洪則改爲《清淮月夜》，誤甚。又《吴風》于楊下注「山陽孝廉」，時在康熙甲戌，先生尚未成翰林，故云。《詩徵》直云舉人，非。

先生著《乙未治河論》，力斥潘司空束水攻沙，顯背行所無事之旨，聞今稿尚存。師同邑顧在瞻先生諟，與顧往復兩書極喫緊爲人之意，見黄南雷所刻《子劉子全書》首卷。

右見外王父范公咏春所著《淮壖小記》卷第三。案：所云《乙未治河論》，此本無此題。其第二篇《均劑黄沁衛汶泗淮議》，亦是駁潘司空束水攻沙説者，未知即《乙未治河論》否，抑此外尚有他論駁之，不可知矣。與顧在瞻先生往復兩書此本無之，可據《子劉子全書》録補。時戊午三月十八日，振常謹録并識。

心齋詩稿不分卷　清手稿本

《心齋詩稿》乃手稿本，未署作者姓名。粗加翻閲，知著者名介復，休寧人，流寓嘉興，生康雍間，顧不得其姓。與朱竹垞、姚平山、黄崑圃均有詩什贈答唱和，或可于他集得之，地方志乘或亦載其人也。常記。

有正味齋詩集十六卷詩續集八卷駢體文二十四卷續集八卷外集五卷詞集八卷詞續集二卷外集南北曲二卷　清嘉慶刻本

《有正味齋詩》傳本不少。甲寅仲春，自海上偕三侄返淮安掃先壟，購得此集，以其有潘四農先生評點也。是年三月中旬小病，復檢是篇，因記歲時。抱殘題于海上寓居之心井盦。

後五年歲在戊寅季冬，檢呈玉素道兄詩家。四農當時與魯通甫一同齊名，號「潘魯」。前年曾以魯批之《唐賢三昧集》持贈，今更以此歸之，用成雙璧，兩先生均淮郡之先哲也。抱殘再志。

注：以上録自陳先行、郭立暄編著《上海圖書館善本題跋輯録（附版本考）》，版本、卷帙均據是書。

周易淺釋不分卷　舊鈔本

此書不署作者名氏，沈學子跋稱爲補堂先生，知爲潘敏惠公所著。敏惠諱思榘，字絜方，別號補堂，江蘇陽湖人，雍正甲辰進士，出孫文定公之門，官秋曹及粵臬，卒于福建巡撫任所。均與跋語相合。劉繩庵爲作墓銘，沈學子爲作神道碑，均稱其研精經學，尤邃于易，深得荀、虞之旨云。沈跋，《學福齋集》中無此文，可按此書補之。（「羅子經」白文印）

六書本原一卷　舊鈔本

舊鈔《六書本原》一卷，明朱謀㙔撰。謀㙔，明宗室，深于六書音韻之學。《千頃堂書目》小學類載其所著有《駢雅》《宏雅》《演爾雅》《説文舉要》《六書原本》《古文奇字輯解》《字原表微》《説文質疑》《六書貫玉》《六書緒論》《七音通軌》《古音考》《方國殊語》，都十三種。今傳世者，僅《駢雅》一種而已，餘均亡佚。今見此本，則謀㙔所著傳世者又多一種。好事者爲之傳刻，亦佳事也。此書名《六書本原》，黄氏誤作「原本」，賴此正之。蟫隱記。（「羅子經」白文印）

資治通鑑二百四十九卷　明嘉靖二十四年孔天胤等杭州刊萬曆十四年修補本

此明嘉靖中孔天胤翻刻宋本，萬曆初蘇濬又取漫漶者補刻之。其精整不亞原刻。蓋萬曆初年，刻書猶未改嘉靖面目也。南海康氏有初印未補本，乃孔氏嶽雪樓故物，原有之孔天胤題辭已抽去。康氏因其宋諱缺筆，遂目爲北宋本。嘗出以見示，有沈子培方伯題識，亦定爲北宋本。康托余介紹購者，詢其值，則四萬金。余笑而漫應之。後見方伯，詢其何以題爲北宋本。則曰：彼定欲我題，不得不然。真趣聞也。偶檢此本，憶及記之。（「羅子經」白文印）

嘉定周氏宗譜不分卷　二册，康熙間手定底稿本

家譜之舊者，余見有天一閣范氏宗譜，范司馬猶子大湝手稿；會稽陳氏宗譜，裔孫某手稿。皆明代所纂。此《嘉定周氏宗譜》，爲周鼎調纂稿。時代略後，然仍在康熙以前。惟藝文一門，則雜有後人之作，殆是續增，非鼎調手録也。《哀逝一百韻》，爲朱右曾稿，並附粘朱之原相。右曾，道光時人。自康熙初以迄道光，仍有續增，可見此稿並未付刊。其後是否續纂刊行，不可知矣。右曾字亮甫，亦嘉定人，進士，累官至遵義知府。著有《周書集訓校釋》《詩、春秋地理徵》《左氏傳解誼》《春暉軒詩文集》等。蟫隱記。（「羅振常讀書記」朱文印）

觀海書院出案底簿一卷　一册，道光十七年手稿本

山陽潘四農先生德輿，道光某科鄉舉第一人（眉批：據丁傳，爲道光八年戊子科）。與同邑丁柘唐

晏、魯通甫一同齊名。姚石甫、張亨甫、毛生甫皆論詩契友也。嘗指摘亨甫所作，亨甫極傾倒之。所著有《養一齋詩文集》廿五卷、《詩話》十卷、《李杜詩話》三卷、詞三卷。嘗主講阜寧之觀海書院。此爲其手書課文出案之簿册。書院本爲學中生童肄業之所。所謂内課生童皆肄業院中者，外課則僅與課，而不居院。要皆實有其人也。其後規制漸弛，至光緒中已無一人居院。每開課，則赴學領卷，居家作文。次日又赴學繳卷。一人往往作數卷，其名多僞，意在得獎，非勤業也。獎金則增加，冠軍往往有數千，最末亦得四五百，一二百者無之矣。特月祇一行而不再試。于是書院乃爲學中庇寒之所。窮秀才爲人家塾師，日得三餐，年脩不過二十千。益以附學者二三人，又可得十千。其得即恃書院課獎，一家數口勉得温飽。及其末流，閲卷者受亲友請託，不復論文。其並不貧寒者，亦起而與寒士爭。遂並庇寒之意而亦失之，復與科舉同廢。今觀此册，規制亦嚴，衡文應課者均循規矩，未至名存實亡，猶可見書院制度之一斑也。余生也晚，猶及見其末流。因閲四農之書，而並識之。上虞羅振常。

《頤志齋文集》中有潘君傳，邑志中□亦有傳。

數類　存二卷二册，舊鈔本

《數類》殘本二册，當全書之首末兩卷。趙清常手寫，汪閬源舊藏。曩年曾得姚氏咫進齋藏書數十箱，于其中檢得此書二册。《讀書敏求記》所載爲明内閣舊有之宋鈔殘本，經清常繕寫補完者。此當即所補中之二卷。清常書法不工，每卷後必詳記繕寫之年月日，而不加印記。嘗見松江韓氏所藏數種均如

此。遵王所云清常跋語當在末卷之末，然四十卷末頁已缺損矣。羅振常閲並記。（「羅子經」白文印）

李文公集十八卷 明末毛事汲古閣刊三唐人集本

苑英華　目上

粹　目下

此謂《文苑英華》所有者，于題目上加朱點；《唐文粹》所有者，于題目下加朱點；其上下均有點者，則兩書同有也。振常注。（「羅振常」白文印）

知稼翁詞一卷 一册，清文瀾閣四庫全書本

此乃吾浙文瀾閣藏本，咸豐中因髮匪亂散出者。此後杭垣被兵，西湖上閣書事先又捆載他移，將來能否珠還，有無損毁，均不可知。則此碩果僅存者，顧可不視爲鴻寶乎？庚辰仲春檢閲並誌。（「羅振常讀書記」朱文印）

揭曼碩詩集三卷 元鈔本

《揭曼碩詩集》三卷，影寫元刊本，元揭傒斯撰，門生前進士燮理溥化校録。目録後有「至元庚辰季春日新堂印行」一行。錢氏《補元史藝文志》有《揭傒斯詩》三卷，當即是本。孫慶增。

右見《愛日精廬藏書志》卷三十二。此本似即從元本出，但行欵不符。校者又據元本改正，參校正德本，可稱善本。惜迻録原校者字迹太劣，須更清繕一過，乃佳耳。丙辰季秋，羅振常識于蟫隱廬。

（「子經」白文印）（參見本書第二六八頁）

訥谿先生尺牘四卷　明隆慶萬曆間刊《訥谿文録》本

周怡字順之，寧國太平人，太常寺少卿。天啟初追謚恭節。著有《訥谿集》，見《千頃堂書目》卷二十三。羅振常集。嘉靖戊戌科。

注：以上録自「臺灣圖書館」特藏組編《標點善本題跋集録》（一九九二年），版本、卷帙均據是書。

錢罄室手書三經　明鈔本

歲丁巳乃得其手迹數册，大率雜録前賢語録，及歷朝故實，而無書名，蓋自備瀏覽者。惟中有蘇子由《老子解》，以校明本，甚多異同，知其所據必爲宋刻。此《陰符》《黄庭》《赤文》三經，亦其中一種也。

注：録自韋力著《古書之愛·錢罄室手書三經》。

書 名 索 引